두려움에서 용기로 넘어가는,

셀프 코칭

두려움에서 용기로 넘어가는,

셀프 코칭

김영태 지음

이담북스

/ 맞서지 않고 흘려보내는 지혜

두려움을 지혜롭게 흘려보내는 방법

두려움과 용기는, 실과 바늘 같다.

실과 바늘은 떼려야 뗄 수 없는 관계를 비유할 때 사용하는 표현인데, 두려움과 용기도 그렇다. 용기를 내야 하는 이유가 무엇인가? 가만히 있는데 갑자기 "용기를 내야지!"라는 생각이 드는가? 그렇지 않다. 두려움이 올라왔기 때문에, 용기라는 단어가 떠오른 거다. 두려운 감정 말고도, 마음을 불편하게 하거나 불안하게 하는 원인은 몇 가지가 있다. 용기를 내야 할 가장 대표적인 순간이 두려움이라는 말이다. 그렇다면 두려움은 무조건 안 좋고 없어야 할 감정일까? 세상에 쓸모없는 건 없다고 하지 않나? 두려움도 마찬가지다. 뭐든 과하면 해롭지만, 적당한 건 도움이 된다.

'메기 효과(catfish effect)'라는 것이 있다.

이 용어의 유래는 이렇다. 북유럽 사람들이 즐겨 먹는 생선인 '청어'와 관련된 이야기다. 과거에는 이 청어를 먼바다에서 잡아, 장시간 운송해서 항구로 들여왔다. 하지만 오랜 시간 이동해서인지, 죽어 있는 청어가 많았다. 신선도를 유지하기 어려운 게 숙제였다. 그러다가 일부러 그랬는지 우연히 그랬는지는 모르겠지만, 수조에 천적인 메기를 함께 넣어 운반하게 되었다. 몇몇은 메기에게 잡아먹혔지만, 기존보다 더 많은 청어가 싱싱하게 살아 있는 것을 발견하였다. 메기에게 잡아먹히지 않으려고 끊임없이 움직였기 때문이다. 이때부터 청어를 실어올 때, 메기를 넣었다고 한다. 천적인 메기 덕분에 청어들이 죽지 않게 되는 현상을 빗대어, '메기 효과(catfish effect)'라는 용어가 생기게 되었다. (참조: 네이버 지식백과)

두려움은 무조건 없어야 할 감정이 아니다.

적절한 두려움은 용기를 낼 수 있게 하는 마중물이 된다. 삶을 활기 있게 해주는 원동력이 되기도 한다. 앞서도 언급했듯이, 과하면 문제가 되지만, 적절한 두려움은 필요하다. 그래서 두려움에서 용기로 건너가는 방법을 알아야 한다고 말하고 싶다. 두려움이 밀려올 때 맞서려고 하면, 짓눌릴 가능성이 크다. 따라서 흘려보내는 지혜가 필요하다. 유도나 씨름을 보면 어떤가? 상대가 밀고 들어올 때 힘으로 맞불을 놓는가? 그럴 때도 있기는 하지만, 지혜로운 선수는 상대방의 힘을 역으로 이용한다.

흘려보내는 거다.

맞서는 게, 용기가 아니다. 흘려보내는 지혜가 진정한 용기다. 두려움을 지혜롭게 흘려보내면, 지금까지 없던 힘을 발휘할 수 있다. 80kg의 사람이 힘으로 밀고 들어올 때, 60kg의 사람이 상대방의 힘을 이용해서 잘 흘려보내면 내동댕이쳐 버릴 수 있다. 필자는 실제 그런 경험이 있다. 초등학생 때, 체격이 큰 친구와 씨름한 적이 있었다. 필자보다, 키도 10cm 이상 컸고 체중도 15kg 이상 더 나갔다. 누가 봐도 필자가 이길 수 없는 게임이었다. 이 친구는 힘으로 밀고 들어왔다. 힘으로 버티려고 했지만, 역부족이었다. 그냥 밀렸다. 그때 이런 생각이 들었다. '이 힘을 이용하면 어떨까?' 버티다 밀리는 척했다. 상체가 조금 뒤로 밀릴 때쯤, 무릎을 굽히고 앉았다. 그리고 상체를 뒤로 젖혔다. 몸이 유연했던 때라, 가능했다. 친구는 밀어붙인 자기 힘에 의해, 나동그라졌다. 필자의 승리였다. 친구는 매우 놀란 눈으로 두리번거렸고, 주위에 있던 친구들은 탄성을 내뱉었다. 매우 짜릿한 기억이다.

친구를 이길 수 있었던 건, 확신이었다.

친구의 힘을 이용하면 이길 수 있다는 확신이 승리를 가져왔다. 두려움을 흘려보내는 것도 마찬가지다. 확신이 필요하다. 그 힘을 그대로 이용해서 흘려보내면, 내동댕이칠 수 있다는 확신 말이다. 확신은 용기를 일으켜 세운다. 움츠렸던 용기가 일어나서, 할 수 있는 행동을 하게 만든다. 시동이 걸린 용기는, 관성의 힘으로 더 큰 용기를 발휘하게 한다. 더 큰 두려움도 거침없이 흘려보내게 된다. 한 번이 어려울 뿐, 두 번 세 번은 관성의 힘으로 잘 넘기게 된다.

"두려움을 용기로 바꿀 수만 있다면!"
영화 〈명량〉에서 나온, 명대사다. 두려움이라는 공포가 용기라는 자신감으로 바뀌면, 못 할 게 없다는 말이다. 객관적인 수치로 봤을 때 열세라는 생각이 들면, 두려움에 사로잡히게 된다. 하지만 그 두려움이 해볼 수 있다는 용기로 바뀌는 순간, 감춰졌던 역량이 발휘된다. 거기에 더해 용기로 가득 찬 표정과 눈빛은 상대의 기를 누르기에 충분하다. 상대에게는, 할 수 있는 역량마저 제대로 발휘하지 못하고 무너지게 만든다. 두려움을 흘려보내면, 용기로 넘어갈 수 있다. 자! 그럼, 두려움에서 용기로 넘어간다는 건 어떤 모습을 말하는 걸까?

미국의 영성가 '헨리 나우웬'의 책에서 그 답을 찾을 수 있다.
자신의 저서에서, 그네 타기 곡예를 보면서 깨달은 내용을 소개한다. 한쪽 그네에서 다른 쪽 그네로 넘어가는 묘기가 있다. 넘어가는 사람은 자신이 잡고 있던 그네에서 손을 떼고, 반대편 그네에 매달린 사람에게 자신을 온전히 던져야 한다. 그네에서 손을 떼지 않으면 반대편 그네로 넘어갈 수 없다. 손을 뗀다고 해도, 온전히 자신을 던져 반대편 사람에게 가지 않으면 바닥으로 떨어지게 된다. 두려움에서 용기로 넘어가는 과정도 마찬가지다. 두려움을 흘려보낼 수 있다고 확신해야 한다. 내가 믿고 의지하는 그것에, 온전히 자신을 던져야 한다. 우물쭈물하다가는 아무 일도 일어나지 않는다. 자기 발목을 잡은 건 다른 누구도 아닌, 자신이다. 내 안에 가득 찬 두려움이 용기로 넘어가지 못하게 잡는 거다. 온전히 내맡기는 결단만이, 용기 있는 행동을 만들어 낸다.

두려움을 넘어서는 건, 용기다.
하지만 용기를 일으키게 하는 건, 확신이다. 확신이 있다면, 용기가 일어난다. 용기가 나지 않는다면, 용기 낼 힘이 없는 것이 아니라, 확신이 없는 거다. 확신이 용기를 일으키게 하는 힘이기 때문이다. 그럼, 확신은 어디에서 오는가? 희망에서 온다. 지금보다 더 나아질 거라는 희망에서 온다. 지금은 밀리고 있지만, 흘려보내면 이길 수 있다는 희망이 확신을 불러온다. 정리하면 이렇다. 더 나아질 거라는 희망은 확신을 불러오고, 확신은 용기를 불러온다.

두려움에 눌려, 용기가 나지 않는가?
그럼, 먼저 희망을 두자. 지금보다 더 나아질 거라는 희망을 두자.

그렇게 확신하기 위해 노력하자. 그러면 마음에서 용기가 꿈틀대기 시작할 거다. 꿈틀대는 용기에 대고 '그래! 한번 해보자!'라고 응원해 주자. 그러면 용기는 힘을 내서, 고개를 들고 당당하게 일어서게 된다. 용기는 다시 확신에 힘을 더해 주고, 확신은 희망을 더 크고 밝게 만든다. 선순환되는 거다. 그 시작은 희망에 있다. 희망을 놓지 말고, 희망을 꼭 붙들고 있자. 희망이 확신을 부르고 확신이 용기를 부를 수 있도록 말이다.

〈책을 200% 활용하는 방법〉

각 글 마지막에는 '셀프 코칭'이라는 코너가 있다. 글을 읽고 각 질문에 답하는 시간을 가진 후에, 적어보는 거다. 중요한 건, 생각만 하는 것이 아니라, 적어보는 거다. 스스로 코칭하는 시간이 곧 선물이 된다. 좋은 선물이 될 것이라 확신한다.

목차

행복한 마음과 불편한 마음

연휴였던, '어린이날'에 있었던 일이다.

이런 기념일, 특히 연휴인 날에는 미리 계획을 세우고 예약해야 한다. 그래야 소위 말하는 뒷북을 치지 않는다. 망설이다 결정을 늦게 해서, 갈 곳이 없던 적이 종종 있었다. 이번 연휴에는 캠핑하러 가기로 하고, 예약을 시도했다. 연휴에는 보통 1~2달 전에 예약해야 하는데, 우리는 한 달도 남지 않은 상황이었다. 이번에도 좀 늦은 거다. 불안한 마음에 전화했는데, 다행히 한두 자리가 있다고 하여 바로 예약했다. 오랜만에 온 가족이 함께 캠핑을 가나 했는데, 이런! 비가 왔다. 잠깐 오고 말 비가 아니었다. 예보로는 연휴 마지막 날까지 온다고 했다. 텐트 칠 때만이라도 비가 오지 않으면, 그래도 갈 만하다. 하지만 텐트를 치는데 비가 오면, 그야말로 최악이다.

이럴 때 할 수 있는 건 두 가지다.

캠핑을 가지 못함에 속상해하거나, 다른 대안을 찾는 거다. 비가 오는 상황에 투덜거리고 씩씩거리면서 시간을 보내거나, 다른 방법을 찾는 거다. 전자의 상태에 머문다면, 계속 마음만 불편하고 아무것도 할 수 없음을 한탄하게 된다. 후자의 상태로 마음을 돌리면, 더 좋은 시간을 보낼 가능성을 찾게 된다. 우리는 어떻게 했을까? 예전 같았으면 전자의 상태에 오랫동안 머물면서 속상해했을 거다. 하지만 그때는 그렇지 않았다. "그럼! 다음에 가지 뭐!" 하고 대안으로 찜질방을 선택했다. 비 오는 것과 아무런 상관없고 가족 모두가 좋아하기 때문이다. 할 수 없는 것에 집착하는 것이 아니라, 지금 할 수 있는 것에 집중한 거다.

할 수 있는 상황과 할 수 없는 상황은 항상 존재한다.

그 사이에서 어떤 선택을 할지, 결정하면 된다. 할 수 있는 옵션은 한정돼 있는데 할 수 없는 옵션에 집착하면, 계속 그 생각으로 마음이 불편하고 좋지 않은 기분 상태에 머물게 된다. 지금 내가 선택할 수 있는 옵션 안에서 결정하려고 해야, 조금은 편안한 마음으로 대안을 살필 수 있다. 아이들은 자기가 하고 싶은 대로 안 되면 생떼를 쓴다. 마트나 길거리에서 바닥에 앉아 온 동네 사람들에게 자기 상황을 알리려는 듯, 울어 젖히는 것을 본다. 아무리 아이라지만, 그리 좋아 보이진 않는다. 민망해하는 엄마의 모습도 참 안쓰러워 보인다. 어른이라고 생떼를 안 쓸까? 할 수 없는 옵션을 선택하려는 것이 바로, 생떼를 쓰는 것과 같다.

자신의 상황을 바라보는 것도 그렇다.

내가 가지고 있는 것에 감사하고, 그 안에서 할 수 있는 것을 찾고 활용하면 어떨까? 마음에 평화가 깃들게 된다. 하지만 내가 가지고 있지 않은 것만 바라보고 투덜대면 어떻게 될까? 가지고 있지 않은, 그것을 갖겠다고 발버둥 치면 어떻게 될까? 마음이 매우 산란하고 불편하고 힘들게 된다. 어느 것 하나 좋아 보이지 않는다. 다른 사람들은 없어서 부러워하는 것을, 내가 갖고 있어도 보지 못한다. 그런 모습을 볼 때면, 안타까운 마음에 얘기해 준다. 하지만 전혀 들리지 않는 모양이다.

지금, 내가 머물러 있는 곳은 어디인가?

가지고 있는 것에 감사하며 그것을 활용할 수 있는 방법을 찾고 있는가? 아니면 가지고 있는 것은 제쳐 두고, 가지고 있지 못한 것에만 집착하고 한탄만 하고 있는가? 자장면을 먹으면서 짬뽕 먹는 사람을 부러워하면서 바라보고 있는가? 집에서 편안하게 쉬고 있으면서, 날씨가 좋은데 밖에 나가지 못하는 것을 한탄하고 있는가? 같은 상황을 어떻게 바라보고 해석하느냐에 따라 느끼는 감정이 달라진다. 이 말을 할 때, 언급하는 이야기가 있다.

'짚신 장수 어머니와 우산 장수 어머니'다.

두 어머니는 다른 사람이 아니라 같은 사람이다. 첫째는 짚신 장사를 하고 둘째는 우산 장사를 한다. 날씨에 따라 어머니의 걱정이 이만 저만이 아니다. 해가 쨍쨍 뜬 날에는 우산 장수 아들을 걱정하고, 비가 오는 날에는 짚신 장수 아들을 걱정한다. 어머니니까 그런 마음이 드는 건 당연하다. 하지만 이렇게 생각하면 어떨까? 해가 쨍쨍 뜬 날에는 짚신이 잘 팔릴 거니까 좋아하고, 비가 오는 날에는 우산이 잘 팔릴 거니까 좋아하면 어떻겠냐는 말이다. 같은 상황이지만, 마음 상태는 완전히 다르다. 걱정할 것이냐 좋아할 것이냐를 선택할 수 있다면, 어떤 선택을 하겠는가?

누군가 이런 말을 했다.

"나는 행복해지기로 했어!" 그렇다. 우리는 누구나 어떤 환경에서도 행복할 거라고 말할 수 있다. 어떻게? 행복한 마음이 드는 방향으로 시선을 돌리고 선택하면 된다. 그리고 집중하면 된다. 선택하지 않은 다른 것에 집착하거나 미련을 두지 말고, 선택한 그것을 온전히 누리면 된다. 어떻게 하겠는가? 행복한 마음으로 살겠는가? 불편한 마음을 가득 안고 살겠는가? 내가 선택하고 결정할 수 있다. 이 얼마나 다행인가?

─── 셀프 코칭 ────────────────────────────

내 생각이 향하고 있는 방향은 어디인가? 그 방향에 만족하는가? 아니면, 바꾸고 싶은가?

비움이 곧 평화로 가는 길

《원래 그런 슬픔은 없다》

허찬욱 신부님이 쓰시고 '생활성서사'에서 펴낸 책이다. 잡지에 연재한 글 중에, '슬픔'이라는 공통 분모를 가진 글을 모아서 펴냈다고 소개한다. 저자는 모든 글을, '작은 이야기'라고 표현하셨다. 잔잔한 울림을 주고 싶은 마음에서였다고 한다. 제목에 첫 단어, '원래'에는 깊은 의미가 담겨 있는 것으로 읽혔다. 예전부터 그래왔고 앞으로도 그래야 하는, 정해져 있는 게 아니라는 말이다. 무엇이? 슬픔이. 사람마다 슬퍼하는 방식이 다르듯이 타인의 슬픔을 이해하는 일은, 타인을 마주할 때마다 매번 새로이 시작해야 한다고 저자는 강조한다. 누군가 슬픔에 빠져 있을 때, "다 이해해!"라고 말하는 사람이 있다. 과연 다 이해한다고 말할 수 있을까? 슬픔은, 그 슬픔에 빠져봤거나 빠져 있는 사람이 그나마 조금은 이해한다고 말할 수 있지 않을까? 너무 쉽게 이해한다는 말을 사용하지 않았으면 하는 게, 저자와 공감하는 부분이다.

슬픔은 다른 단어로도 읽힌다.

고통, 아픔, 외로움, 두려움 등, 슬픔이라는 감정을 일으키는 원인 혹은 감정이 그렇다. 평화롭지 않은 상태로 풀이해도 틀리지 않겠다. 우리는 크고 작은 슬픔에 빠져봤거나 빠지며 살아낸다. 금방 훌훌 털고 일어나는 슬픔도 있고, 몇 년 혹은 몇십 년 품어 안고 있다가 놓아주는 슬픔도 있다. 놓아준다는 표현보다, 잠시 잊고 지내는 힘이 생겼다고 하는 게 맞을지도 모르겠다. 각자가 슬픔을 마주하는 방법과 놓아주는 방법이 다르니, 그 시점도 다르다고 보는 게 적절할 듯하다. 따라서 타인의 슬픔과 마주하는 태도를 어떻게 해야 할지 난감하기도 하다. 너무도 큰 슬픔일 때 특히 그렇다. 이럴 때 어떻게 뭐라도 해주고 싶은데 어떻게 해야 할지 모를 때, 좋은 방법을 이 책에서 소개한다.

"우리는 그저 가만히 손을 잡아 주거나, 기대어 울 수 있는 어깨를 내어 주거나, 가만히 등을 토닥여 줄 수 있을 뿐입니다. 그것도 아니라면 울부짖는 소리를 먹먹한 마음으로 들어줄 뿐입니다. 이 외의 다른 애도의 방법을 저는 알지 못합니다. 그 외 애도의 순간을, 저는 모릅니다."

말보다는, 행동이다.

곁에 가만히 머물러 주는 행동이, 우리가 할 수 있는 최선의 위로라는 말이다. 무엇을 하려고 하지 말고, 하지 않도록 마음을 다스릴 필요가 있다. 뭐라도 해야 할 것 같은 의무감에 사로잡힌, 자기만족을 위한 위로는 매우 위험하다. 특히 조언이랍시고 무심히 던지는 말은 폭력이 될 수도 있다. 자기는 뭐라도 했다고 뿌듯할지 모르지만, 타인의 마음은 더 뒤집힐지도 모른다. 그래서 저자는 이런 사람을 표현하는 용어를 소개한다. '욥의 위로자들'이다. 겉으로는 고통 중에 있는 사람을 위로하려는 것으로 보이나, 결과적으로는 상황을 더 악화시키는 사람들을 이른다고 한다. 차라리 하지 않았으면 좋을 말들이 세상에 너무도 많이 뿌려지는 현실이 참 안타깝다. 무심코 던진 돌에 개구리가 맞아 죽는다는 말처럼, 그렇게 마음에 상처를 입는 사람을 보면 안타까운 마음이 든다.

언제든 편안하게 기댈 수 있어야 한다.

고통이든 아픔이든 외로움이든 두려움이든, 슬픔이 올라오는 상황에서 쉴 수 있는 곳이 있어야 한다. 사람이든 공간이든 그 무엇이든, 그렇게 하는 방법을 찾아야 한다. 직원 면접을 볼 때 꼭 물어보는 게 있다. "스트레스를 푸는, 자신만의 방법이 있나요?" 실제 하는 사람은 어떻게 하는지 명확하게 이야기하지만, 그렇지 않은 사람은 얼버무리거나 일반적인 것을 나열한다. 이건 매우 중요하다. 스트레스를 푸는 자신만의 방법이 있는 사람은 어떤 고난이 와도 다시 일어설 힘을 얻는다. 하지만, 그렇지 않은 사람은 금세 꺾이기 쉽다. 고난을 흘려버리거나 털어내지 못하고, 떠안고 있기 때문이다.

누군가 벽돌을 준다고 하자.

어느 정도 쌓이면 어딘가에 내려놓아야 한다. 그렇지 않고 계속 받아 안으면 어떻게 되겠는가? 무너져 내린다. 팔에 힘이 빠져 무너질수도 있고, 벽돌에 자신이 깔릴 수도 있다. 고난을 마주하는 방법도 이와 같다. 누군가 고난이라는 벽돌을 주면 계속 받아 안지 말고, 어딘가에 내려놔야 한다. 스트레스를 푸는 자신만의 방법이 필요한 이유다. 다만 술만 마시거나 잠만 자는 건 오히려 마음이 더 가라앉을 수 있다. 마음을 편안하게 하거나 땀을 쏟을 수 있는 활동적인 것을 선택하면 좋겠다. 흘려버리든 쏟아버리든 할 수 있는 것 말이다. 최근에는 명상이 좋은 방법으로 소개되고 있다. 실제 해보면 마음이 편안해짐을 느낀다. 호흡을 잘하는 것만으로도 마음에 안정을 가져온다. 내가 먼저 바로 서지 않으면 다른 사람이 기댈 수 있도록 어깨를 내어줄 수 없다. 같이 무너져 내릴 수 있다. 그러니 누구보다 내가 먼저 바로 서야 한다.

〰️ 셀프 코칭 ┄┄┄

내 마음에 쌓이는 벽돌을 내려놓기 위해, 무엇을 하면 좋을까?

내 마음이 쉴, 집은 어디인가?

여행이 좋은 이유는, 돌아올 집이 있어서라고 한다.

여행 관련 명언(?) 중 잘 알려진 표현이다. 이 말에 깊이 공감한다. 공감하는 포인트가 좀 다르긴 하지만 말이다. 한여름, 군대에서 유격 훈련을 받은 적이 있었다. 종일 가만히 있는 시간 없이, 꽉 찬 일정으로 거세게 돌아갔다. 밥을 먹고 일과가 시작되기 전, 잠깐의 쪽잠이 유일한 휴식이었다. 2주간 천막에서 생활했는데, 훈련도 훈련이지만, 의식주가 영 아니었다. 군대가 다 그렇지만, 야외 생활은 더했다. 먹는 것도 그렇고 씻는 거 자는 거 잠자는 것까지 어느 것 하나 온전한 게 없었다. 아! 힘든 훈련이라 그런지 메뉴는 체력을 보충할 수 있는 좋은 것들이었다. 흙바닥에 앉거나 돌 위에 걸터앉아서 먹어야 하는 환경이, 온전치 않았다는 말이다.

하루하루 버텨내는 생활이었다.

우리를 위로한 건, 2주만 버티면 된다는 생각이었다. 말년 병장이 집에 가는 날을 손꼽듯, 우리는 이곳을 떠날 날을 손꼽았다. 그렇게 마지막 날 아침이 밝았다. 여느 날보다 상쾌했다. 마지막 날은 별도의 훈련 없이 복귀할 준비를 했다. "자! 이제 집에 갈 준비하자!" 이 한마디에 우렁찬 대답과 함께 일사불란하게 움직였다. 한시라도 이곳을 빠져나가고 싶었기 때문이다. 그렇게 짐을 챙기고 완전군장을 한 다음, 부대를 향해 이동했다. 행군이 이 훈련에 마침표였다. 처음에는 모두 발걸음이 가벼웠다. 복귀해서 뭘 하고 싶은지 이야기하는 선임들도 있었다. 하지만 몇 시간 지나자, 발걸음과 입이 무거워졌다. 휘어지는 도로에서 보이는 행렬의 모습은, 보이지 않는 끈에 엮여 끌려가는 사람들처럼 보였다. 그렇게 힘겨운 발걸음을 옮기는데, 저 멀리 부대가 조그맣게 보이기 시작했다.

모두 환호를 지르며 다시 힘을 내기 시작했다.

걸음도 조금 빨라졌다. 그렇게 순조롭게(?) 가는 데 입구에 다다르자, 정체되기 시작했다. "에이, 뭐야?" 순조로운 발걸음에 제동이 걸리자, 짜증을 내도 누가 뭐라 할 수 없는 한 분이, 한마디 내뱉었다. 고개를 들고 기웃해 봐도 군장과 덩치가 큰 사람들로 잘 보이지 않았다. 사람들이 좀 빠지자, 바닥에 커다란 드럼통이 보였다. 그 앞에 다다른 사람들은 무언가를 떠서 한 모금씩 마셨다. '뭐지?' 차례가 다가오자, 뭔지 알게 되었다. 얼음이 동동 떠 있는 막걸리였다. 그때는 술을 거의 마시지 못했지만, 그 한잔이 그렇게 맛날 수가 없었다. 사막에서 오아

시스를 만나면 이런 기분일까? 그때까지 마셔본 술 중, 단연 최고의 술맛이었다. 내무반에 도착해서 짐을 풀고 정리했는데, 그 한 잔에도 얼굴이 벌겋게 달아올랐다. 정리를 마치고 선임과 함께 밖으로 나왔는데, 노을이 지고 있었고 선선한 바람이 불어왔다. 그리고 선임은 잔잔하게 한마디를 던졌다. "야~ 집에 오니까 좋다~ 그치?" 그랬다. 그때 우리의 집은 내무반이었다.

집은 내 모든 것을 내려놓을 수 있는 곳이다.

어깨에 짊어진 군장도 불편한 생활도 무거운 몸도, 다 내려놓고 편하게 쉴 수 있는 곳이다. 군대에서 경험한 집은, 필자에게 이런 의미였다. 지금 집도 그렇다. 밖에서 쌓인 다양한 짐을 내려놓고 편안하게 쉴 수 있는 곳이다. 많은 사람이 집을 이렇게 여기지 않을까 생각된다. 그러니 원해서 집을 떠난 여행이 좋은 이유가, 돌아올 집이 있기 때문이라 말하지 않았겠는가? 집이 안정적이지 않으면 모든 게 불안해지는 이유도 여기에 있다. '가화만사성'이라는 말이 괜히 있는 게 아니다. 집은 물리적인 공간 이외에 마음에 쉼을 가져다주는 그런 곳이라는 말이다. 몸과 마음을 분리해서 생각할 순 없지만, 사람이 추구하는 건 결국, 마음이 쉴 곳을 찾는 거다. 최근에 만난 사람들의 이야기를 들어봐도 그렇다. 그들이 찾는 곳은 마음이 쉴 곳이다.

내 마음이 쉴 집은 어디인가?

앞서 말한 것처럼, 사람들은 마음이 쉴 곳을 찾는다. 어떤 곳을 갔을 때 혹은 어떤 것을 할 때 마음에 쉼을 느낀다. 일상적으로 표현하면, 작은 의미에서, 스트레스를 푸는 방법이라고 할 수도 있겠다. 마음에 쌓여 있던 짐을 내려놓거나, 찌든 때를 벗겨내는 방법 말이다. 안타까운 건, 이런 방법들이 일시적인 해소 방법이지, 근본적인 방법이 아니라는 사실이다. 잘못하면 중독으로 이어지는 일도 있다. 그래서 근본적으로 해소하는 방법을 찾아야 한다.

필자에게는 이런 집이 있다.

신앙이 그렇고, 신앙 안에서 하는 찬양이 그렇다. 요즘도 그런 시간을 보내고 있다. '이노주사 청사희망'이 그것이다. 두 시간가량 진행되지만, 힘들다는 생각은 전혀 없다. 에너지가 점점 더 올라오는 것이 느껴진다. 몸의 에너지도 올라오지만, 마음의 에너지도 올라온다. 세상 안에서 받은 마음의 찌꺼기가 깨끗이 씻겨 내려가는 느낌이고, 집안에 들어가 편안하게 쉬는 느낌이다. 보통 10곡 정도를 부르는데, 모든 곡이 그랬다. 이런 느낌을 받을 때마다, 생각나는 사람들이 있다.

청년들이다.

마음에 쉴 곳을 찾지 못해 방황하는 청년들이 많다는 것을 직간접적으로 보고 듣는데, 참 안타깝다. 요즘 청년들에 대해 끈기가 없고 자기만 안다는 이야기도 많지만, 마음이 쉴 곳도 많지 않다. 그렇게 약으로 쓰려고 했다가 독으로 중독되기도 하고, 삶의 의지가 꺾이기도 한다. 어디로 가야 할지 몰라 힘겨워하는 청년들이, 방향을 안내해 주는 누군가를 만나면 어떨까? 안개가 걷히는 기분이 들지 않을까? 어디로 어떻게 가야 할지 알게 되면 마음이 어떨까? 그 상태가 곧 마음에 쉼을 주지 않을까? 자신의 길을 찾아가는 과정과 그 과정에서 만나는 상황들로, 마음이 쉴 수 있는 집을 찾지 않을까? 많은 청년이 마음 쉼터를 찾을 수 있기를 바란다. 내 마음의 쉼터는 어디인가?

셸프 코칭

나의 몸과 마음을 내려놓고 쉴 수 있는 집은 무엇인가?

내가 사용하는 에너지는,
어디를 향하고 있는가?

내가 알고 있는 게 전부라고 여기는 사람들이 있다.

자기만 그렇게 생각하면 그나마 다행이겠지만, 강요까지 한다. "이게 더 좋아!", "이게 더 맛있어!", "이게 더 좋은 생각이야!", "이게 옳아!" 등등 타인의 취향이나 생각은 안중에도 없다. 취향에 관련된 거라면 어느 정도 이해는 된다. 자기가 좋은 느낌을 받았고 맛있게 먹은 것을 권유하는 건, 생각하는 마음에서 하는 행동이기 때문이다. 너무 과하게 해서, 권유가 아닌 강요가 되는 게 부담스럽긴 하지만 말이다. 취향이든 생각이든 가장 큰 문제는, 자기가 "이거다!"라고 생각하면, 이거여야 하고 모두가 그렇게 생각하도록 강요한다는 사실이다. 다름이 아닌 틀림으로 인식하고 고치려고 한다. 그러니 부딪힐 수밖에 없고 심하면 다툼으로 이어진다.

공동체에서 발생하는 흔한 부딪힘은 이렇게 시작된다.

내가 아는 게 옳은데, 내 앞에 있는 사람은 다른 이야기를 한다. 의견을 내는 것뿐인데, 자기 의견과 다르니 공격으로 받아들인다. 공격하면 어떻게 하는가? 방어하게 된다. 그 말을 잘 듣고 무슨 의미인지 해석하려는 노력은 하지 않고, 어떻게든 방어하려고만 한다. 그리고 바로 반격에 들어갈 준비를 한다. 말에서 모순된 점이나 허점을 찾아 그 지점을 헤집고 들어간다. 공격과 방어 그리고 공격이 반복되는 사이, 이들 사이에 간격은 점점 벌어진다. 각도가 틀어진 평행선처럼, 시간이 약이 되는 게 아니라 독이 된다. 이때는 서로의 생각을 내려놓고 상대방의 생각을 듣고 이해하려고 노력해야 관계가 개선된다. 하지만 그놈의 자존심이 뭔지 절대 굽히려 하지 않는다. 지는 거로 생각하기 때문이다. 이기고 지는 게 뭐라고 말이다. 진짜 전쟁도 아니고, 지면 많은 것을 잃는 것도 아닌데 집착한다.

무엇이 우리를 그렇게 만드는 걸까?

무엇이 우리를 그토록 공격적으로 그리고 집착하게 만드는 걸까? 에너지로 설명할 수 있다. 예를 들어 이런 거다. 오래전에 들은 이야기인데, 매우 공감됐다. 남자와 여자는 하루에 사용할 수 있는, 단어의 수가 다르다고 한다. 그걸 다 소비하지 않으면 어떻게라도 소비해야 직성이 풀린다고 한다. 남자는 약 5천 단어이고, 여자는 약 2만 단어다. 직장 생활을 하는 남자와 주부로 있는 여자가 있다. 남자는 직장 생활을 하면서 이미 5천 단어를 다 써버린다. 그래서 퇴근하면 더는 말하고 싶지 않게 된다. 에너지가 고갈된 거다. 하지만 주부로 있는 여자는 어떤가? 주변 사람들과 친교 시간을 가졌다면 그나마 낫겠지만, 그렇지 않다면 5천 단어도 사용하지 않았을 가능성이 크다.

남자가 들어오면 그에게 이런저런 이야기를 하기 시작한다.

2만 단어를 채워서 에너지가 소진돼야, 짐을 내려놓은 듯한 느낌이 들기 때문이다. 이미 에너지를 다 사용한 남자와 이제 에너지를 소비해야 할 여자가 마주하면 어떤 일이 벌어질까? 서로의 마음을 이해하기보다, 자기를 이해해 주길 바란다. 따라서 다툼이 일어날 가능성이 크다. 지금은 상황이 많이 달라졌지만, 20년도 더 된 예전에는, 보통 부부의 모습이 이랬다고 봐야 할 거다. 종일 일하느라 피곤한데 계속 말 시켜서 피곤하다는 남자와, 종일 대화할 상대도 없어서 이제 말 좀 하려는데 받아주지 않아 속상하다는 여자의 갈등 말이다.

사람은 하루 동안 사용해야 할 에너지가 있다.

어디에 사용하더라도 소진해야 할 에너지가 있는 거다. 그래야 다시 재충전되고 새롭게 에너지를 사용할 수 있다. 에너지를 사용하지 못하면 어떻게라도 사용하려는 곳을 찾게 된다. 의식적이라기보다 본능적으로 그렇다. 아기의 모습을 보면 어떤가? 어떻게든 자기가 사용해야 할 에너지를 소비해야, 곤히 잠이 든다. 그래서 아이를 키우는 집은 낮에 실컷 놀린다. 그래야 밤에 잠을 푹 자기 때문이다. 하루에 사용해야 할 에너지를 사용하고자 하는 본능은, 태어나서부터 가지고 난 것이라 볼 수 있다.

에너지는 방향성이 있다.

어느 분야에 에너지를 쓰면, 계속 그와 비슷한 곳에 에너지를 사용하게 된다. 책을 읽는 사람들은 책에 더 많은 에너지를 사용하고, 운동을 좋아하는 사람은 운동에 더 많은 에너지를 사용하게 된다. 생산적인 곳에 에너지를 사용하는 사람은 생산적인 곳에, 소비적인 곳에 에너지를 사용하는 사람은 소비적인 곳에 에너지를 사용하게 된다. 끌어당김의 법칙이 적용된다고 해야 할까? 신기하게도 그렇다. 머리를 자르고 나오면 사람들의 머리를 쳐다보게 되는 것처럼, 그냥 그렇게 된다.

내가 사용하는 에너지는, 어디를 향하고 있는가?

앞서 말했던 사람처럼, 누군가와 다툼하는 데 에너지를 주로 사용하는가? 아니면 자기 발전과 성장을 위해 에너지를 사용하는가? 에너지는 관성이 붙어서, 의지를 보내는 방향으로 흐르는 경향이 있다. 에너지의 방향을 바꾸기 위해서는 많은 에너지가 소비돼야 하는 걸 본능적으로 안다. 그래서 습관을 쉽게 바꾸지 못하는 거다. 내가 사용하는 에너지의 방향이 내가 원하는 곳이라면 다행이겠지만, 그렇지 않다면 지금이라도 에너지의 방향을 바꿔야 한다. 불안, 초조, 외로움, 두려움 등에 초점이 맞춰져 있으면서, 마음이 평안하기를 바라는 건 모순이다. 마음이 평안하기를 바란다면, 그럴 수 있는 곳으로 에너지의 초점을 맞추고 향해야 한다. 지금 내 에너지는 어디를 향하고 있는가?

셀프 코칭

나의 에너지는 주로 어떤 방향을 향해 흘러가고 있는가? 원하는 방향인가? 그 반대인가?

변할 수밖에 없는 것과
변하지 않도록 지켜야 할 것

《책은 도끼다》

인문학으로 광고하는 광고인, 박웅현 저자의 책 제목이다. 어울리지 않는 두 개의 단어, '책'과 '도끼'를 조합한 문장이다. 처음에는 이 문장이 어색하기도 했고, 어떤 의미인지 선뜻 떠오르지 않았다. 하지만 저자의 설명을 듣고 나서는 "아! 그래서!"라는 생각이 강하게 내리꽂혔다. 깊이 공감했다는 말이다. 맞다. 책을 읽고 나서, "어, 그렇구나." 라는 밋밋한 느낌과 반응이라면, 굳이 책을 읽을 필요가 없다. 그 시간에 잠을 자거나 쉬는 게, 훨씬 생산적인 활동이라 볼 수 있다. 책은 전반적으로든 한 문장이든 어찌 되었든, 머리에 도끼가 찍히듯, '쿵' 하는 울림이나 '찌릿'한 전율이 느껴져야 한다. 이 말은, 책에 모든 탓을 돌리라는 말이 아니다. 책은 분명 어떤 메시지나 느낌을 담고 있다. 그것을 발견하지 못한 건, 나 자신이라는 말이다.

책을 읽은 태도의 문제라고 볼 수 있다.

이렇게 설명할 수 있다. 책을 선택했을 때의 기대와 달리 '어! 뭐지?' 하는 생각이 들 때가 있다. '뒤에 뭔가가 있겠지?' 하며, 희망을 놓지 않고 끝까지 완주한다. 하지만 뭐가 없을 때의 허무함은 정말이지, '헐'하다. 여기서 책을 그냥 덮어버리면, 진짜 더는 뭐가 없다. 하지만, 책을 덮고 가만히 돌이켜보면, 뭐라도 하나가 올라온다. 스쳐 지났던 문장 하나가 올라올 때가 있다. 그러면 어디쯤이었는지 기억을 더듬어 그곳을 찾아서 들어간다. 보물찾기하듯 살피다 발견하면, 그렇게 반가울 수가 없다. 책을 덮었을 때는 몰랐는데, 시간이 조금 지나고 문득 어떤 느낌이 올라올 때도 있다. 산에 오를 때는 오르는 데만 집중하느라 느끼지 못한 상쾌함이, 정상에 도착했을 때 올라오는 것과 비슷하다. 책을 집중해서 읽는 태도도 중요하지만, 무언가를 꼭 발견하고 만나겠다는 의지도 중요하다. 보려고 할 때, 보이는 법이니 말이다.

휴가 때, 독서법에 관한 책 3권을 읽은 적이 있다.

읽고 나서 새롭게 다짐한 게 있다. '하루 1권 읽기'다. 지금까지의 독서 습관이나 양으로 봤을 때, 충분히 가능하다는 생각이 들었다. 아! 물론 모든 책을 그렇게 읽을 순 없다. 시간을 두고 정독이나 묵독해야 할 책도 분명히 있다. 독서법에도 선택과 집중이 적용된다고 하니, 하루 1권 읽을 수 있는 책을 선별하고자 했다. 또 하나, 하루 1권이라고 해서, 한 번에 다 읽고 끝낸다는 의미는 아니다. 하루에 완독했지만,

다시 읽어야 할 책은 몇 번을 다시 읽을 마음이었다. 예전처럼 어떤 책이든 글자 하나하나 꼼꼼히 살피며 읽는 게 아니라, 문장과 문단 중심으로 쭉쭉 읽어 내려가고, 필요한 책은 몇 번을 다시 읽겠다는 말이다. 이런 독서법을 생각하기는 했는데, 잘 안 됐다. 하지만 이번 독서법 책 몇 권을 읽으면서 그래야겠다는 생각이 강하게 들었다. 독서 고수들은 다 그렇게 한다고 하니 말이다.

《나는 죽을 때까지 지적이고 싶다》

그렇게 선택한 첫 책이다. 출근하면서 버스에서 좀 읽었는데, 과연 하루에 다 읽을 수 있을지 걱정스러웠고, 다 읽고 다시 읽어야겠다는 생각이 들었다. 한 번 읽고 접어둘 책은 아니라는 말이다. 철학 서적을 읽고 작가의 삶에 빗대어 쓴 글에서, 마침표가 아닌, 물음표가 느껴졌다. 작가도 곳곳에, 발자국을 남기듯, 질문을 남겨둔다. 대놓고 묻진 않지만 스스로 묻게 만든다. 그래서 이 책이 베스트셀러가 됐는지도 모르겠다. 가장 깊게 파고들고 싶은, 질문 하나가 떠올랐다.

"변해야 할 것은 무엇이고, 변하지 않아야 할 것은 무엇인가?"

이 장의 소제목은 '변해야 할 것과 변하지 않아야 할 것'인데, 그 내용은 이렇다. "모든 만물은 변한다."라고 주장하는 헤라클레이토스와 "절대 변하지 않는다."라고 주장하는 파르메니데스가 있다. 전자의 주장은 이렇다. "우리는 같은 강물에 발을 두 번 담글 수 없다." 일리 있는 표현이다. 흐르는 강물에서 발을 담그고 있으면, 물은 계속 흘러 내려간다. 발을 뺐다가 담그지 않더라도, 담그고 있는 상태에도, 같은 강물이라 할 수 없다. 공감한다. 후자의 주장은 이렇다. 따뜻한 물을 부어 만든 레몬차가 있다. 시간이 지나서 레몬차가 식었다고 하면, 이것은 레몬차가 아닐까? 아니다. 식었어도 레몬차가 맞다. 변한 건 온도의 차이일 뿐, 레몬차라는 본질은 변하지 않았으니 말이다. 따라서 파르메니데스는 본질에 집중하라고 말한다. 이 역시 공감한다.

저자는, 자신에게 이렇게 질문한다.

"나는 시간의 흐름 속에서 어떤 것을 남기고 어떤 것을 버릴까?" 이 질문은 곧 이렇게 묻는 것이라 말한다. "어떤 부분을 변화시키고, 어떤 부분을 유지할까?" 모든 만물은 변한다는 주장과 절대 변하지 않는다고 하는 주장 사이에서, 어느 한쪽으로 기울지 않고 균형을 이룬다. 이런 태도에 공감한다. 싸움은 대부분, 흑백논리라고 하는 이분법적 구분 때문에 일어나지 않는가? 아닌 건 아니라고 주장도 해야겠지만, 가치를 따질 때는 신중할 필요가 있다. 우문현답이라고 했던가! 둘 중 하나가 아니라, 둘 모두를 포용하는 마음도 필요하다.

시간 흐름에 따라 변하는 건, 어쩔 수 없다.

거스를 수 없는 그 무언가가 있다. 사람은 태어나서 성장하고 어느 시점에서는, 퇴화하면서 죽음을 맞이한다. 이 순리를 거스를 수 있는 사람은 아무도 없다. 따라서 변해야 할 것과 변하지 않아야 할 것은, 내 의지에 따라 결정하는 것이어야 한다는 말이다. 이 말은, 내 의지에 따라 변할 수도, 아닐 수도 있다는 거다. "어쩔 수 없었어!"라고 말하지만, 마음에 들든 그렇지 않든, 결국 내 선택이다. 원하는 선택을 하지 못하는 상황이 많아 안타까울 뿐이다.

두 철학자의 말을 빌려, 이렇게 질문해 본다.

"세상에 모든 것은 변하지만, 그 안에서 변하지 않아야 할 것은 무엇인가?" 누가 한 말인지 기억나진 않는데, 인상적인 말이 있다. "세상에 변하지 않는 진리는 오직 하나, 세상에 모든 것은 변한다는 사실이다." 헤라클레이토스의 주장에 힘을 실어주는 말이다. 깊이 생각하지 않아도, 충분히 공감되는 말이다. 세상 모든 게 변하고 있으니 말이다. 하지만 파르메니데스의 본질에 집중하라는 말을 새길 필요가 있다. 본질은 어떤 포장을 하거나 시간이 지나도 변하지 않는, 본래 그것이다. 다른 말로 하면, 변하지 않아야 하는 그것이라는 말이다.

"변하지 않아야 하는, 그것은 무엇인가?"

이 질문을 이렇게 바꿔볼 수 있다. "간직하고 싶은 내 마음의 기준은 무엇인가?", "다른 것은 다 잃어도 잃고 싶지 않은 그것은 무엇인가?", "오래도록 간직하고 싶은 마음의 중심은 무엇인가?" 무엇이 떠오르는가? 떠오르는 게 있다면, 그것을 기준으로 삼아 잃지 않기 위해 노력하면 된다. 소중히 간직하며, 마음의 중심에 두면 된다. 그렇게 변하지 않도록 간직한 그것이, 결국 자신을 지켜 준다.

셀프 코칭 ---

나에게 있어 변해야 할 것은 무엇이고, 변하지 않아야 할 것은 무엇인가?

기적은, 내 안의 한계를 걷어낼 때
만들 수 있다

우리는 한계에 부딪힌다는 표현을 한다.

내가 할 수 있는 역량으로는 도저히 어찌할 수 없을 때, 이렇게 표현한다. 한계에 부딪힌다는 말을 들으면, 바로 생각나는 곤충이 있다. 벼룩이다. 벼룩은 자기 몸 크기의 50배에서 100배 이상까지 점프할 수 있다고 한다. 물리적으로 불가능할 것 같은데, 그걸 해낸다고 하니, 미물이지만 참 대단하다. 하지만 벼룩의 점프력을 줄이는 방법이 있다. 뚜껑이 있는 통에 넣어두는 거다. 그러면 뚜껑에 계속 부딪히면서 학습이 된다. 여기까지만 뛰어야 한다고 말이다. 학습된 다음에는, 뚜껑을 열어도 그 높이까지만 뛴다. 심리적 뚜껑이, 높이에 제한을 두는 거다.

한계에 부딪히면서, 한계를 설정하게 된다.

처음 몇 번은 의욕적으로 도전하지만, 몇 번의 실패를 경험하고 나서는, 포기한다. 가능하다고 생각하는 그 정도까지만 노력하고, 더는 노력하지 않는다. 어차피 안 될 건데, 시간과 노력을 써봐야 자기 손해라는 걸 알기 때문이다. 전문용어로 학습된 무기력이라고 한다. 사람들로 인한 학습된 무기력 사례가 있어 소개하면 이렇다. 잘 아는 후배가 회사 관리자로 있는데, 한번은 필자에게 하소연했다. 입사하는 직원들이 몇 달 있지 못하고 퇴사한다는 거다. 일을 가르쳐서 써먹을 만하면 나간다니 얼마나 속상했을까! 이런 상황이 반복되니, 일을 가르쳐줄 의욕이 생기지 않는다며, 앞으로는 좀 지켜보고 일을 가르쳐줄 거라 했다. 이 말을 듣고, 필자는 잘했다고 했을까? 공감해 주면서 잘했다고 해야 했는지는 모르겠지만, 그러지 않았다.

악순환의 반복이라 했다.

일을 가르쳤는데 나가니 속상하고 의욕이 나지 않는 건, 당연하다. 심정을 전혀 모르는 건 아니다. 필자도 많이 경험했으니 이해한다. 그렇다고 일하러 온 직원에게 일을 가르쳐주지 않으면 어떻게 될까? 지금까지와는 다른 직원이 들어왔다고 하면 어떻게 될까? '이 회사 뭐지?' 하며 나갈 가능성이 크다. 그러면 후배는 이렇게 생각할 거다. '그래! 역시, 일을 안 가르쳐주길 잘했어!' 자기 선택이 옳았다며 뿌듯(?)해할 거다. 실제로 그렇게 생각하는 눈치였다. 그래서 말해 줬다. "그렇게 하면 악순환이 돼. 금세 나간다고 일을 가르쳐주지 않는 게 답이 아니라, 왜 나가는지 명확한 이유를 파악해야 하지 않을까? 금방 나갈 거라 일을 가르치지 않는다면, 아예 뽑지 않는 게 더 효율적이지 않을까?"

후배가 잘못 생각하는 게 뭘까?

직원이 금방 나가는 상황을, 실패로 정의하고 결과로 판단한 거다. 이유는 달라도, 금방 나갈 수 있다. 이것도 흐름을 타는지 그런 분위기일 때는, 너도나도 나간다. 이를 실패라 할 순 있지만, 결과는 아니다. 있을 수 있는 과정이라는 말이다. 실패가 결과라고 단정 지으면, 더는 방법이 없다고 단념한다. 그러면 답을 찾기보다, 안 되는 이유와 핑계를 찾는다. 사람의 뇌 구조가 그렇게 되어 있다. 생각하는 방향으로 시선이 향하고, 그렇게 해석한다. 그리고 그걸 믿는다.

실패는 과정이지, 결과가 아니다.

실패는 안 되는 과정 중 하나일 뿐이고, 성공으로 가기 위한 과정이다. 가장 좋은 예로, 에디슨의 인터뷰 장면을 들 수 있다. 수천 번 실패 끝에 전구 발명에 성공한 에디슨을 기자가 찾았다. 기자는, 그렇게 많이 실패하면서도 어떻게 연구를 계속할 수 있었냐고 질문했다. 수천 번 실패를 겪으면서도 포기하지 않은 이유가 궁금했던 모양이다. 누구라도 궁금해할 수 있는 질문이다. 상식적으로는, 진작에 그만뒀어야 했기 때문이다. 에디슨은 이 질문에, 자신은 실패한 것이 아니라 안 되는 수천 가지 사례를 발견한 것뿐이라고 말했다. 너무 멋지지 않은가?

실패한 것이 아니라, 안 되는 사례를 발견했다는 말은 곧, 과정으로 인식했다는 말이다.

부딪히면, 더는 가고 싶지 않은 마음이 생길 때가 있다.

다시 부딪히는 경험을 하고 싶지 않고, 부딪히는 아픔과 고통을 겪고 싶지 않기 때문이다. 하지만 그것을 능가하는 모습도 있다. 높이뛰기나 역도 같은 기록 스포츠에서 이런 장면이 나온다. 모두, 도전할 기회가 3번 주어진다. 다 성공하면 좋겠지만, 중간에 실패도 한다. 마지막 기회가 남았을 때, 보통은 이전에 실패한 기록 혹은 좀 낮춘 기록에 도전한다. 하지만 실패한 기록보다 더 높은 높이와 무게를 설정하는 선수가 있다. '아니! 저것도 실패했는데, 더 높은 기록에 도전한다고?' 자포자기한 심정으로 도전이나 해보려는 것이라 여겼다. 하지만 그 기록을 보기 좋게 성공한다. 소름이 돋았다. 성공한 선수의 얼굴도 놀란 기색이 역력했다. 중계하는 사람은 물론 지켜보던 많은 사람도 놀란다. 누군가는 기적이라고까지 한다.

기적 맞다.

실패한 기록을 뛰어넘었다는 건, 기적이다. 분명 실패한 기록이 머릿속에 남았을 거다. 벼룩이 부딪혔던 뚜껑처럼, 마음에 계속 부딪히는 한계가 있었을 거다. 사람들이 가장 넘기 힘든, 마음의 한계다. 그 한계를 보기 좋게 넘었으니 기적이라 해도 과언이 아니다. 기적은, 두려움을 넘어서려는 사람에게 드러난다. '에이, 안 되겠지, 뭐'라며 기적을 믿지 않는 사람에게는, 드러나지 않는다. 기적을 바라는가? 그럼, 기적을 믿어야 한다. 내 안의 한계가 나를 짓누르려고 할 때, 이렇게 외쳐보자! "그래! 어디 한번 해보자!"

셀프 코칭

지금 나의 마음을 짓누르는 한계를 뚫고 나아가기 위해. 무엇을 해볼 수 있을까?

기세(氣勢)는, 상상으로
결정할 수 있다

'기세(氣勢)'라는 말이 유행처럼 퍼진 적이 있다.

이 단어는 한자 그대로, 기운이 뻗어 나가는 상태를 말한다. 기세를 탔다는 것은, 기운이 뻗어 나가는 상태가 유지되고 있다는 것을 의미한다. 좋은 흐름을 유지하고 있다는 말과도 같다. 어디서 이 단어가 많이 언급됐을까? 프로야구에서다. 이 단어를 유행시킨 팀은 바로, 롯데 자이언츠다. 23년 상반기, 롯데의 질주가 무서웠다. 순위권 경쟁에서 1위에 올라설 정도로, 그 기세가 대단했다. 1위에 올라선 게 몇 년 만이냐며, 그 기세를 이어가길 원했다. 시즌 우승까지 상상하지 않았을까?

필자가 아니고, 롯데 팬들이 말이다.

그랬던 롯데가 주춤하면서 순위가 계속 내려갔다. 롯데 팬들은 큰 기대를 했을 텐데…. 그때 기세를 타고 있던 다른 팀이 있었다. 기아였다. 한동안 주춤했던 기아가 '기세'를 이어받았다. 6연승을 달릴 때만 해도, 4위 탈환을 목전에 두고 있었다. 중계하는 해설자들도 기아의 기세는 정말 대단하다며, 칭찬을 아끼지 않았다.

중요한 건 내용이었다.

6연승을 한 것도 중요하지만, 어떻게 6연승을 했는지가 더 중요하다는 말이다. 타고 있는 기세가 일시적인지, 앞으로도 기대할 수 있는지 판단을 할 수 있기 때문이다. 경기 중 자막으로 이런 내용이 나왔다. 5연승을 하는 동안 각 팀의 1, 2선발을 모두 무너트렸다는 거다. 아! 참고로 1, 2선발이라고 하면, 그 팀에서 가장 잘 던지는 2명의 선수라고 보면 된다. 심지어 그 전 경기에서는 당시 리그 최고 투수라고 불리던 선수를, 역대 최다 실점인 7실점으로 3회에 강판시켰다. 이 경기 전에는, 그 선수에게 7회 동안 단 1점도 내지 못했는데 말이다. 이후 9연승까지 내달렸지만, 선수들의 부상으로 결국 6위로 시즌을 마감했다.

기세는, 누적된 결과가 쌓이면서 이루어지는 모습이다.

한 번 두 번 세 번이 쌓이면서, '어? 뭐지?'라며, 그것이 기세라는 것을 알게 된다. 야구에서도 한두 번 연승했을 때 기세라는 표현을 하지 않는다. 4~5연승 정도 되니 기세라는 표현을 썼고, 6연승 할 때 몰아치는 타자들을 보며, 한마디로 무섭다고 말했다. 기세가 무섭다는 말이다. 야구는 흐름의 스포츠다. 다른 스포츠도 그렇지만, 서로가 대결

하는 구도로 진행된다. 주도권을 가지고 있는 팀의 흐름은 좋은 방향으로, 그렇지 않은 팀은 원하지 않는 방향으로 흐른다. 뭘 해도 되는 팀과 뭘 해도 안 되는 팀으로 나뉘는 거다. 야구에서 유행하는 표현이 있었다. "왜! 그런 날 있잖아?"라는 표현을 시작으로 자기가 원하는 결과를 적는 거다. 예를 들어 "왜! 그런 날 있잖아? 6연승 할 것 같은…." 기세를 타고 있다는 것을 이렇게 표현하는 거다.

기세는 야구에만 있을까?

아니다. 삶 어디에나 있다. 기세를 타기 위해서는 여러 요건이 잘 맞아떨어져야 한다. 야구는, 활발한 공격력과 철저한 수비력이 바탕이 돼야 한다. 거기에 운까지 따라주면, 아무도 그들을 막지 못할 것 같은 무서운 기세로 몰아친다. 팀플레이에서는 그렇다고 치자. 그럼, 개인은 어떨까? 개인이 기세를 타기 위해서는 무엇이 중요하겠냐는 말이다. 정신이다. 나의 정신이 어디를 향하고 있으며 어디로 가기 위해 노력하느냐에 따라, 기세의 분위기가 달라진다. 그렇다면, 정신의 방향은 뭘까? 쉽게 말하면, 머리에 어떤 생각이 담겨 있느냐는 의미다. 이 표현이 그리 좋은 느낌으로 다가오지 않는 이유는, "도대체 네 머릿속에는 뭐가 들었냐?"라는 말을 들었기 때문일 거다.

여기서 중요하게 물어야 할 것이 있다.

머릿속에 들어 있는 바로 그것! 그것은 어디에서 왔냐는 질문이다.

그래서 이렇게 질문해 볼 수 있다. '지금 내 머릿속에 들어 있는 건, 어디에서 왔을까?' 그냥 내가 생각한 건데 어디서 왔냐니? 이 질문이 당황스러울 수 있다. 하지만 지금 말하는 생각은, 그냥그냥 떠오르는 생각을 말하는 게, 아니다. 내가 가고자 하는 방향, 즉 궁극적으로 추구하려는 생각을 말하는 거다.

어디서 왔을까?

보통은 외부의 자극이나 영향으로 비롯됐다고 말한다. 내가 보고 듣고 느낀 것이 내 안에 들어와서 생각을 만들었다고 말이다. 정말 그럴까? 그렇게 생각하는 건 당연하다. 필자도 그랬다. 하지만 그렇지 않다는 것을 알게 됐다. 그와 반대. 내가 하는 생각이 나를 보게 하고 듣게 하고 느끼게 한다. 머리에 뭐가 들었느냐에 따라, 외부의 자극을 거른다는 말이다. 보고 싶은 것만 보고 듣고 싶은 것만 듣는다는 게, 이 이유 때문이다. 이렇게 설명할 수 있다.

오랜만에 이발하고, 미용실을 나왔다.

미용실을 나서는 순간부터 눈에 들어오는 건 뭘까? 식당 간판일까? 지나가는 버스 혹은 오토바이일까, 생각해 보자. 자신이 미용실에서 나왔을 때를 말이다. 사람들의 머리가 눈에 들어오지 않았나? 그 머리를 보면서 머리가 기니 짧니, 파마가 어울리니 아니니 하는 등 머리 감정사라도 된 것처럼, 사람들의 머리를 살폈을 거다. 자! 새 신발을 신

고 나왔다고 하자. 그럼, 뭐가 눈에 들어오는가? 그렇다. 사람들 신발
이 눈에 들어온다. 구두, 운동화, 스니커즈 등등 다양한 신발 종류가
눈에 들어온다. 마찬가지로, 어울리니 아니니 괜찮으니 이상하니 등등
을 따지면서 말이다.

다시 정리해 보자.

기세를 타기 위해서는 정신이 중요하다. 정신은 머리에 어떤 생각
이 담겼느냐를 말한다. 그 생각은 외부에서 들어오는 자극에 의한 것
으로 생각하지만, 아니다. 머리에 들어 있는 생각에 따라 외부 자극이
선택적으로 들어오는 거다. 이 말은, 내가 어떤 생각을 하느냐에 따라,
내가 보고 듣고 느끼는 것이 달라진다는 말이다. 결론은 이렇다. 원하
는 것이 있는가? 그렇다면 그것이 이루어졌다고 상상해야 한다. 실제
처럼 상상해야 한다. 과거형도 미래형도 아닌, 현재형으로 상상해야
한다. 그렇게 상상하고 또 상상해야 한다. 그러면 그 모습이 내 눈에
들어오는 순간을 맞이하게 된다.

어떤 기세를 원하는가?

그 기세를 위해 어떤 상상을 하고 있는가? 원하는 것이 아닌, 원하
지 않는 것을 상상하고 있지는 않나? 그렇게 되지 않았으면 하고 말이
다. 그러면 안 된다. 그렇게 되지 않았으면 하고 상상하지만, 되지 않
은 방향으로 이루어지기 때문이다. 원하는 것을 상상해야 한다. 원하

는 기세를 상상해야 하고, 원하는 방향을 상상해야 한다. 그렇게 원하고 이루는 사람은 계속 이루면서 감사하는 삶을 살 것이고, 원했지만 이루지 못하는 사람은 계속 이루지 못해 원망하고 한탄하며 살게 될 거다. 어떻게 살고 싶은가? 결정했으면 그렇게 하면 된다. 상상하는 건, 그 어떤 핑계도 통하지 않는다. 변명의 여지가 없다는 말이다. 그러니 그냥 하면 된다. 어두운 감정에서 벗어나고 싶다고 하면서, 계속 어둠에 갇혀 있는 이유가 여기에 있다. 밝은 곳으로 나오고 싶다면, 어둠이 아닌 밝음을 상상해야 한다.

셀프 코칭

내가 원하는 방향으로 흐름을 이어가기 위해. 어떤 상상을 해야 할까?

성공적인 모습을 현실로 만드는
가장 확실한 방법

강연할 때, 가장 힘든 사람은 누구일까?

잘 듣지 않는 사람일까? 날카로운 질문을 던지는 사람일까? 강연하는 사람에 따라 다르겠지만, 대체로 언급하는 공통된 사람이 있다. 팔짱을 끼고 쳐다보는 사람이라고 한다. "어디 한번 해봐!"라는 듯한 표정으로, 팔짱을 끼고 평가자의 눈빛으로 바라보는 사람이 가장 힘들다고 한다. 강연뿐이 아니다. 사람들 앞에서 발표하거나 설명할 때, 이와 비슷한 분위기를 풍기는 사람이 있으면 매우 부담스럽고 불편하다.

왜, 부담스럽고 불편할까?

팔짱을 낀 모습처럼, 마음이 닫혔기 때문이다. 마음이 닫힌 사람은 귀와 눈도 닫히게 된다. 좋은 이미지와 문장을 보여주더라도 눈에 들어오지 않는다. 도움이 될 이야기를 해도 들리지 않는다. 좋은 영상도 마찬가지다. 보이지 않고 들리지 않는다. 그래서 처음 마주했을 때 가장 중요한 건, 닫힌 마음을 여는 거다. 강연이나 행사를 시작할 때, '아이스 브레이킹' 혹은 '라포 형성'이라는 이름의 프로그램을 넣는 것도 그런 이유다. 굳은 분위기나 서먹한 분위기를 풀기 위해서, 무조건 필요하다. 이때의 분위기가 끝까지 간다고 봐도 무방하다.

강연가들의 필살기 중 이런 게 있다.
강연가뿐만 아니라 행사를 진행하는 사회자도 같은 말을 한다. "한 놈만 팬다!" 영화 〈주유소 습격 사건〉의 대사를 인용한 말인데, 강연 시작할 때 한 사람을 지목해서 그 사람에게 집중한다는 말이다. 어떤 사람일까? 가장 호응을 잘해 줄 것 같은 사람이다. 다른 사람은 아니더라도 이 사람만큼은 적극적으로 동참하고 호응해 줄 것 같은 사람이 보인다고 한다. 보이지 않으면, 몇 가지 이야기를 건네면서 반응을 살핀다고 한다. 어떻게든 찾는다는 거다. 이 한 사람이 있는 것과 없는 것은, 하늘과 땅 차이이기 때문이다.

불편함은 마음을 굳게 만든다.
강연이나 행사 진행을 봐도 그렇지만, 모든 게 그렇다. 마음이 굳으면 몸이 굳는다. 표정에서 여실히 드러난다. 경력이 많지 않은 사람은 더욱 그렇다. 마음은 굳어가지만, 표정으로는 여유를 보여주는 사람이 진정 실력자다. 처음부터 그런 사람은 거의 없다. 경험을 통해 하나씩 배우고 익히면서 성장하는 사람이 대부분이다. 여기서 중요한 건, 무대에 서면 누구도 도와줄 수 없다는 사실이다. 연습할 때는 많은 사람의 도움을 받을 수 있지만, 실전에서는 오직 자신뿐이다.

어떻게 하면 사람들 앞에서 자신 있게 설 수 있을까?

팔짱을 끼고 평가자의 시선으로 바라보는 사람이나 관심 없는 표정의 사람 앞에서, 어떻게 하면 내가 준비한 말과 프로그램을 진행할 수 있을까? 분위기를 말랑하게 하는 프로그램도 좋고 한 명을 선정해서 함께 러닝메이트로 삼는 것도 좋은 방법이지만, 그보다 더 근본적인 해결 방법이 있다. 시각화다. 성공적으로 실행하는 자기 모습을 상상으로 먼저 보는 거다. 그러면 현실에서 그대로 재연된다. 마치 재방송을 보는 것처럼 말이다.

필자도 이 방법을 여러 번 사용했다.

시각화라는 단어를 몰랐을 때부터 그렇게 했다. 정확하게 기억나진 않지만, 10년보다 더 전부터 그렇게 했다. 시각화라는 것을 몰랐으니 어떻게 하는지도 몰랐다. 그냥 그렇게 됐다. 매일 새벽에 기도할 때, 그날 할 일을 보고하듯이 나열한다. 중요한 발표가 있는 날이면, 의식하지 않아도 생각이, 필자를 그 장소로 보낸다. 장소를 알든 모르든 상관없다. 중요한 건, 필자의 모습이니까.

그날 발표할 내용을 천천히 이야기한다.

상상으로 리허설을 하는 거다. 준비했던 말도 하지만, 생각지도 못한, 기막힌 아이디어가 떠오르기도 한다. 처음 시작할 때 어떤 이야기로 풀면 좋을지, 떠오를 때도 있다. 이 아이디어를 통해 성공적으로 수행한 나를 보면, 가슴이 뛰기 시작한다. 왜? 이미 성공적으로 수행했으니까. 나는 시간에 맞춰 그 자리에 가서, 머릿속으로 성공했던 모습을 그대로 재연하면 되는 거니까.

한 번도 발표를 잘하지 못했다는 이야기를 듣진 않았다.

한번은, 과할 정도로 극찬을 받은 적도 있었다. 투자 관련 예비 발표 자리였는데, 그 자리에 참석한 스피치 전문 강사가 한 말이라 더 좋았다. 지금까지 자신이 봤던 발표자 중, 다섯 손가락에 꼽힌다고 했다. 발표에 참석한 사람 중이 아니라, 지금까지 봤던 모든 사람을 통틀어서 말이다. 사람을 홀리는 프레젠테이션이라고 했다. 이런 말을 들었던 것도, 성공적으로 수행한 모습을 상상했기 때문이라 믿는다. 언제 어디서든 홀로 감당해야 할 상황에 놓인다면, 성공적으로 수행한 자신을 시각화할 필요가 있다. 걱정하는 모습이 아닌, 성공적으로 잘 수행하는 모습으로 말이다. 그러면 곧 현실로 이루어진다.

셀프 코칭 --
지금까지 성공적으로 실행했던 것은 무엇인가? 그날을 어떻게 기억하는가?

비우고 흘려보내기

메시지를 전달하기 위해, 필자가 지어낸 이야기가 있다.

요약하면 이렇다. 가뭄이 심한 어느 마을에 물을 가득 실은 차가 들어왔다. 사람들은 환호하며 달려들었다. 물차를 몰고 온 사람은 원하는 만큼 물을 줄 테니, 용기를 가져오라고 했다. 사람들은 기뻐하며 각자의 집으로 갔다. 그리고 용기를 가져왔다. 누구는 커다란 드럼통을 가져왔고 누구는 커다란 냄비를 가져왔다. 하지만 누군가는 접시를 가져왔고 또 다른 누군가는 컵을 가져왔다. 심지어 소쿠리를 가져온 사람도 있었다. 물은 충분했지만, 받아 간 물의 양은 각기 달랐다. 소쿠리를 가져온 사람은 받자마자 물이 빠져나가 소쿠리에 묻어 있는 물로 만족해야 했다.

어떤 메시지를 전하려고 했을까?

무언가를 얻으려 해도, 준비되어 있지 않으면 받을 수 없고, 내가 준비된 만큼 받을 수 있다는 것을 말하고 싶었다. 정말 그렇다. 원하는 건 드럼통인데, 준비한 건 접시나 컵이라면 어떻게 될까? 소쿠리에 비하면 그나마 나은 걸까? 받지 못한 것을 원망하지 말고, 자신이 준비한 것이 무엇인지를 먼저 살펴야 한다.

이 메시지와 비슷한 글을 만났다.
《세상에서 가장 소중한 나를 사랑하는 방법》의 저자, 최병훈 작가님이 인스타에 올리신 글이다. 제목이 〈그릇 뒤집어 놓기〉인데, 시처럼 구성된 글이다. 전문을 옮겨봤다.

비가 오는데
빗물을 받아야 하는데

그릇을 뒤집어 놓으면 어떨까요?
빗물을 받을 수 있을까요?

손을 잡아 주려 하는데
손을 밀쳐내면

행복이 들어오려 하는데
귀가 막히고 마음의 문이 닫혀
온 마음으로 밀어내면
행복의 소리를 들을 수 있을까요?

나는 지금

온갖 부정적인 마음이 가득 차

내 마음의 그릇을

뒤집어 놓고 있지 않나요?

준비되어 있지 않으면, 받을 수 없다.

빗물이든 손이든 행복이든, 준비되어 있지 않고 밀쳐내고 막고 있으면 받아들일 수 없다. 이 부분은 필자가 전하려는 메시지와 같다. 하지만 다른 부분이 있다. 이 글이 더 깊이 있게 느껴지는 이유인데, 왜 준비가 되어 있지 못한지에 관한 이유다. "온갖 부정적인 마음이 가득 차" 있기 때문이다. 그렇다. 부정적인 마음이 가득 차 있는 상태에서는, 그 어떤 것도 받아들이기 어렵다. 그래서 비워 내는 게 중요하다.

어떻게 비워 내야 할까?

여정연 선생님의 〈명상으로 행복한 부자 되기〉 강연에서 그 해답을 찾았다. '생각하는 나와 분리하는 연습'이라는 제목으로 진행된 강연이었다. 부정적인 생각을 흘려보내는 방법으로, '블랙홀 명상'을 소개해 주셨다. 10분 정도 실습도 했다. 뇌에 들어 있던 걱정, 불안함 등의 부정적인 생각이, 편안함, 안정감, 행복감, 감사함 등의 좋은 생각으로 바뀌는 체험을 했다. 필자뿐만 아니라, 참여한 모두가 그렇게 바뀌었다. 부정적인 생각이 들어찰 때마다 하면, 매우 효과가 있을

것으로 생각한다. 루틴으로 하려면, 매일 잠들기 전에 하면 좋다고
한다.

왜 부정적인 생각을 흘려보내야 할까?

그래야 모든 것이 좋아지기 때문이다. 그 이유를 차례로 따라 올라
가면 이렇게 설명된다. 부정적인 생각을 흘려보내면, 마음에 힘이 생
긴다. 마음에 힘이 생기면, 좋은 에너지를 낸다. 좋은 에너지는, 밝은
사람으로 만든다. 밝은 사람이 되면, 주변에 좋은 사람이 따라온다. 좋
은 사람이 따라오면 부가 따라온다. 사람과 부가 따라오니, 모든 관계
가 좋아진다. 이 이야기를 듣고, 〈명상으로 행복한 부자 되기〉라는 제
목이 이해가 갔다. "나에 대한 사랑이 차오르면, 타인에 대한 사랑이
차오른다."라는 말도 같은 맥락으로 들렸다.

비워야 채울 수 있다.

부정적인 생각을 비워 내야 좋은 생각을 채울 수 있다. 나쁜 에너지
를 비워야 좋은 에너지로 채울 수 있다. 매일 그렇게 비우고 채워야 한
다. 그래야 뇌 회로가 좋은 생각과 에너지로 바뀌고 삶이 바뀐다. 비워
야 하는 건 알지만, 어떻게 비워야 할지 몰랐다면 '블랙홀 명상'을 추
천한다. 매일 저녁, 이 명상을 한다면, 좋은 에너지가 차오르고 그로
인해 모든 것이 좋아질 수 있다고 믿는다. 좋은 분들과 함께할 수 있어
참 좋다. 지금 어떤 사람들과 함께하는가? 원하는 사람들인가? 아니

면 피하고 싶은 사람들인가? 후자라면, 만나는 사람 그리고 함께하는 사람을 바꿔야 한다. 그래야 좋은 에너지로 채울 수 있고, 원하는 삶의 방향으로 흘러갈 수 있다.

부정적인 생각을 흘려보내고 좋은 에너지로 채울 때. 내가 얻을 수 있는 것은 무엇인가?

마음이 평온하길 원하시나요?

어떤 상황에도 잘 지내는 비결이 있을까?

내가 원하든 원하지 않든, 내 앞에 벌어지는 상황을 담담하게 받아들이고 마음을 평온하게 유지하는 상태 말이다. 참 어려운 일이다. 과연 가능할까? 의구심이 들기도 한다. 옛 성인(聖人)들은 이런 상태에 머물렀을지 몰라도, 평범한 사람이 도달하기에는 불가능한 곳이라 여겨진다. 엄두가 나지 않는다. 하지만 그러면 좋겠다는 생각은 든다. 언제나 한결같이 평온한 마음을 유지한다면, 그보다 좋은 게 있을까 싶다. 사람들이 다양한 활동을 통해 마음을 챙기는 이유가, 어쩌면 이 때문인지도 모르겠다.

마음이 평온하지 않으면 아무것도 의미가 없다.

우리는 한 번쯤 이런 경험을 했다. 값비싼 음식이 앞에 놓여 있어도, 떠나지 않은 걱정을 안고 있다면, 음식 맛을 느낄 수 없다. 음식이 코로 들어가는지 입으로 들어가는지, 분간조차 되지 않는다. 반대로 지금 먹을 게 김밥 한 줄밖에는 없다. 하지만 마음이 매우 평온하다. 이

때 먹는 김밥은 단돈 몇천 원에 샀지만, 앞서 말한 값비싼 음식보다 더 큰 가치를 느낀다. 이것만 보더라도, 중요한 건 외부에 놓여 있는 가치가 아니라는 것을 알 수 있다. 그것을 받아들이는 사람의 마음이, 그 가치를 결정한다. 아! 값비싼 음식을 먹는 데 마음도 평온하면, 최고겠지만 말이다.

마음이 평온하게 유지되려면, 어떤 상태여야 할까?

넓고 깊어야 한다. 몇 가지 예를 들어 설명하면 이렇다. 웅덩이에 고여 있는 물이나 작은 강물은, 조금만 바람이 불어도 요동친다. 돌을 던지면 온 물이 다 움직이고 뛴다. 하지만 넓은 강이나 바다를 보면 어떤가? 웬만한 바람에도 크게 흔들림이 없다. 돌을 던지면 떨어진 지점 근처를 제외하고는 고요하다. 그래서 넓고 깊어야 한다. 외부에 어떤 상황이 내 마음에 떨어져도 평온을 유지하려면, 넓고 깊어야 한다.

다른 비유도 있다.

한 이야기를 빌려 설명하면 이렇다. 사소한 것에도 불평을 가득 담고 투덜대는 제자가 있었다. 한번은 스승이 그 제자를 불렀다. 제자가 스승을 찾았는데, 앞에는 물이 담긴 그릇과 소금 한 줌이 있었다. 스승이 제자에게 소금을 그릇에 담으라고 했다. 제자가 소금을 그릇에 담자, 스승은 제자에게 그 물을 마시라고 했다. 제자는 시키는 대로 물을 마셨는데, 바로 물을 뱉어냈다. 너무 짰기 때문이다. 제자는 오만상을 지으며 스승을 마음으로 원망했다.

스승은 제자를 데리고 밖으로 나갔다.

넓은 호수에 다다르자, 스승이 제자에게 똑같이 소금 한 줌을 호수에 넣으라고 했다. 제자가 호수에 소금을 넣자, 이번에는 호수 물을 마시라고 했다. 제자는 스승의 말에 따라 호수 물을 마셨다. 스승이 제자에게 물었다. "호수 물 맛이 어떠냐?" 제자가 대답했다. "맑고 시원합니다!" 그러자 스승이 제자에게 말했다. "같은 소금의 양이지만 어디에 넣느냐에 따라 짠맛을 느끼기도 하고 아무런 맛도 느끼지 못하기도 한다. 그러니 소금을 탓하지 말고, 자신이 그릇의 물인지 호수 물인지를 먼저 헤아려야 한다."

소금의 짠맛을 느끼는 건, 소금 자체가 아니다.

소금이 담기는 물의 양으로 판가름 난다. 우리는 당연히 짠맛을 내는 소금이 원인이라 여긴다. 하지만 호수처럼, 넓고 깊으면 소금의 짠맛을 전혀 느끼지 못한다. 간단하지만 매우 의미 있는 이야기다. 외부에서 벌어지는 상황이 마음에 들지 않을 때나 내 마음을 불편하게 할 때, 생각해 보면 좋겠다. 문제의 원인이라 여기는 소금 때문이 아니라, 내 마음의 넓이와 깊이가 좁고 얕아서 그렇게 느끼는 건 아닌지 하고 말이다.

마음의 넓이와 깊이는, 어떻게 확장할 수 있을까?

아! 외부의 현상이 불편하게 여겨지는 이유부터 설명해야겠다. 불편했던 상황을 떠올려 보자. 다양한 이유가 있었겠지만, 하나로 귀결된다. 내가 원하는 대로 되지 않았기 때문이다. 그렇지 않은가? 나는 오른쪽으로 가고 싶은데, 왼쪽으로 가야 할 상황이 생긴다. 가벼운 예하나를 들면, 나는 순댓국으로 해장을 하고 싶은데, 같이 밥 먹는 사람들이 파스타를 먹으러 가자고 한다. 어떤가? 방향을 틀 수 있는 상황이라면 틀어보겠지만, 그러기 어려운 상황이라면 소 끌려가듯 끌려가게 된다. 가지 못한 순댓국집을 떠올리면서 말이다.

어떻게 해야 할까?

불편한 마음은 쓰레기통에 던져버리고, 이유가 있다고 생각하는 거다. 내가 원하는 순댓국집이 아니라 파스타집에 온 이유가 있겠거니하고 생각하는 거다. 별 이유를 찾지 못할 수도 있다. 하지만 생각지도 못한 이유를 발견하기도 한다. 생각보다 해장이 잘되는 느낌을 받을 수 있다. 새로운 해장 식단을 발견했다고 해야 할까? 좋은 분위기가 마음에 들어, 다음에는 연인과 함께 오면 좋겠다고 생각할 수도 있다. 평소에 이런 곳을 잘 다니지 않던 사람이라면, 이런 취향의 사람들과 함께 올, 식당 리스트를 하나 추가하게 된 거다. 그 밖에도 이유를 찾으려고 하면 더 많이 찾을 수 있다.

중요한 건, 이유를 찾았다는 게 아니다.
이유를 찾을 수 있는, 마음 상태에 머물러 있다는 사실이다. 계속 가지 못한 곳을 생각하며 앉아 있으면, 어떤 마음 상태에 머물겠는가? 뭐든 마음에 들지 않는다. 맛도 그렇고 분위기도 그렇다. 와자지껄 떠들어대는 사람들도 마음에 들지 않는다. 그렇게 먹다가 체하기까지 하면 정말 최악이 된다. '이봐! 괜히 여기 와서….' 불만은 절정에 이른다. 아무것도 도움이 되지 않는다. 누구 손해일까? 자기만 손해다. 이유를 찾지 않고 불만에 휩싸여 있으면 자기만 손해다.

처음부터 쉽게 되진 않는다.

연습해야 한다. 자주 가야 길이 된다. 한두 번 지나갔다고 길이 되진 않는다. 완만한 길을 만들기 위해서는 자주 다녀야 한다. 연습이 그렇다. 의식적으로 이유를 찾는 연습을 해야 한다. 그렇게 하다 보면 작은 이유를 발견하게 되면서, 신기한 느낌을 받는다. 성공 경험이랄까? 그러면 다음에는 조금 더 수월하게 의식하게 된다. 또 다른 성공 경험은 더 자주 그 길을 가게 만든다. 그렇게 잘 다져진 길이 되면, 의식하지 않아도 그 길로 발길을 옮기게 된다. 이렇게 마음이 평온한 상태에 머물도록 자기를 이끈다. 그냥 자연스럽게 되는 건 없다. 내가 발길을 옮기는 노력과 연습을 해야, 다음이 있다.

셀프 코칭 ┈┈┈

지금 내 앞에 벌어진 불편한 상황에 이유를 찾으면, 내 마음에 어떤 변화가 일어날까?

온전히 자신과 만나는 시간, 쉼

혼자 조용히 생각하는 시간을 가질 때가 있다.

운전할 때 특히 그런 시간을 갖게 된다. 라디오나 음악을 들으면서 운전할 때도 생각을 하지만, 깊은 생각에 빠져들 때는 조용하게 운전할 때다. 차 안에서 조용하게 운전할 때는 이런저런 생각이 난다. 생각이 필요한 내용을 꺼내서 생각할 때도 있지만, 의식이 흘러가는 대로 생각할 거리가 나오기도 한다. 그렇게 깊은 생각에 빠져들게 되면, 지금까지 해결하지 못한 문제에 관한 새로운 아이디어가 떠오르기도 한다. 보통은 어떤 문제가 생겼을 때, 다양한 사람과 이야기를 나누거나 정보를 찾는 분주함으로 해결하려고 한다. 하지만 때로는, 고요함에 머물러 있는 시간이 문제 해결에 도움이 되기도 한다. 고요함에 머물기 전, 사람들과의 대화나 정보를 찾는 과정이 있었기에 가능한 것인지도 모르겠지만 말이다.

필자가 고등학생이었을 때, 등산이 그런 시간이었다.

무슨 고민이 있었는지는, 그 내용이 정확하게 기억나진 않는다. 진로에 관한 고민일 것으로 추측할 뿐이다. 경찰이 되고 싶다는 생각도 했고 체육 교사가 되고 싶다는 생각도 했었다. 그 길을 가는데, 어떤 방법이 좋을지에 대한 고민이었을 거다. 그때는 어느 대학 무슨 과를 가야 할지가 가장 컸겠지만 말이다. 해가 뜨지 않은 시간에 집을 나섰다. 항상 오르던 산이 있었다. 도봉산이다. 버스와 지하철을 타고 이동해서 산에 올랐다.

　필자가 산을 타는 방법은 간단했다.

　발끝을 보면서 그냥 걷는 거였다. 주변을 둘러보면서 여유 있게 걷는 산보가 아니라, 경보처럼 거의 뛰는 정도의 속도로 무작정 산을 탔다. 그렇게 조금만 오르면 숨이 차오르고 땀이 줄줄 흘러내렸다. 흘러내리는 땀이 방해되는 경험을 한두 번 한 다음에는, 수건을 머리띠처럼 둘렀다. 코로 숨 쉬는 게 힘들게 되면, 어쩔 수 없이 입으로 숨을 쉬게 된다. 한계인 듯한 시간을 보내면, 어느새 호흡을 규칙적으로 하게 됐다. 그때부터는, 그냥 발이 가는 대로 따라가면 됐다. 이때부터, 머릿속에서 움직임이 시작된다.

　생각이 시작되는 거다.

　고민으로 가지고 왔던 화제를 떠올리면, 머릿속에서 이런저런 생각이 떠올랐다. 한 번에 한 가지만 떠오른 게 아니라, 이 생각 저 생각이 여기저기서 튀어나왔다. 필자가 할 거는 그렇게 튀어나오는 생각들을 알아차리는 것뿐이었다. 이러면 머릿속이 더 복잡할 것 같지만 그렇지 않았다. 산을 타고 있는 몸과 함께 자연스레 흘러가는 느낌이 들었다. 필자가 의지를 갖고 어떤 결론을 내리려고 하지도 않았다. 그냥 떠오르는 생각을 알아차리면서 '그렇구나!', '그래!', '그런 것도 있네?'라며 그냥 올라가면 됐다. 그러면 신기한 경험을 하게 된다.

정상에 오른 순간, 머릿속 생각이 정리되는 거다.

이런 느낌이다. 많은 양의 보고서를 작성하고 프린트한다. 출력된 종이를 가지런히 모아 두 손으로 들고, 책상 위에 두세 번 탁탁 친다. 그러면 서류가 반듯하게 모여서 정리된다. 아주 깔끔하게 말이다. 이런 느낌이었다. 실타래가 엉킨 것처럼 이런저런 생각이 뒤엉켰는데, 정상에 오른 순간 말끔하게 정리됐다. 어쩌면 그런 경험이 필자를 산으로 데리고 갔는지도 모른다. 복잡한 머릿속이 깔끔하게 정리가 되니 말이다.

정리된 생각을 다시 정리한다.

그리고 어떻게 할지 계획을 세운다. 이것이 정상에서 한 일이다. 정상에 가면 박카스를 파는 아주머니가 있었는데, 그냥 마시라며 챙겨주시기도 했다. 학생이 혼자서 정상까지 올라온 게 장하다고 하시면서 말이다. 그래서 정상에 도착했는데 아주머니가 안 보이면, 조금은 아쉬운 마음이 들었다. 박카스를 못 마셔서가 아니다. 응원해 주는 어른을 만나지 못해서였다고 말하고 싶다.

혼자 조용히 생각하는 시간이 필요하다.

시간이 돼서 하는 게 아니라, 시간을 내서 확보해야 한다. 가끔 하는 것도 좋지만, 매일 조금씩 시간을 갖는 것도 좋다. 새벽 기상하시는 분들은, 보통 새벽에 이런 시간을 갖는다. 신앙이 있는 사람은 기도하면서 이런 시간을 갖는다. 가끔은 생각에 온전히 빠져들 때가 있는데, 그 기분이 참 좋다. 온전히 나를 만나는 시간이기 때문이다. 몰입의 즐거움이랄까? 잠깐의 시간이라 생각했는데, 20~30분이 훌쩍 흐를 때도 있다. 하얗고 폭신한 이불에 푹 파묻힌 기분이다.

진정한 쉼은 이런 거다.

혼자서 조용히 생각하는 시간을 가지면서, 이를 통해 마음에 평화를 얻는 것 말이다. 침대 안에서 뒹굴뒹굴하거나 별생각 없이 드라마나 영화를 보는 것도 쉼이라 할 수 있다. 하지만 이 시간은, 그 시간이 멈추면 뭔가 휑한 기분이 든다. 풍요 속에 빈곤 같은 느낌이랄까? 더 헛헛한 마음이 들 때도 있다. 생각이라고 해서 가만히 앉아 있는 게 아니다. 산을 타면서 생각할 수도 있고, 운전하면서 생각할 수도 있다. 달리거나 다른 운동을 하면서 생각할 시간을 갖기도 한다. 생각을 통한 진정한 쉼은, 어쩌면 몸을 움직여야 가능한지도 모르겠다. 아무튼 온전히 자신과 만나는 쉼을 찾고 계속 유지하는 삶을 살기를 희망한다.

━━ 셀프 코칭 ┄┄

나 자신과 온전히 만나는 시간을 어떻게 만들 수 있을까? 나에게 잘 맞는 방법은 무엇인가?

오해하지 않을, 단 하나의 방법

우리는 많은 오해(誤解) 속에서 살아간다.

잘못 알고 잘못 판단한다. 그로 인해 사람들과 갈등이 일어나고, 심지어 더는 보지 않는 사이가 되기도 한다. 주변에도 그런 관계를 몇몇 봤다. 전에는, 서로가 몰랐으면 어떻게 살았을지 상상이 안 될 정도로 절친이었는데, 어떤 사건을 계기로 더는 보지 않는 사이가 됐다. 보지 않는 것을 넘어 서로 앙심을 품는 관계도 있다. 사람마다 그 이유가 다르겠지만, 공통적인 이유를 발견하게 된다. 같은 상황인데, 서로가 이해하는 게 다르다는 사실이다.

오해는 영어로, 'misunderstanding'이다.

'이해'라는 뜻의 'understanding'에 '잘못된'이라는 뜻을 가진 'mis'가 붙어서, 오해라는 의미가 된 거다. 한마디로, 잘못된 이해라는 의미다. 오해는 몰라서 생기는 것이 아니라, 알긴 아는데, 잘못 아는 것에서 시작된다고 할 수 있다. 여기서 말하는 잘못은, 정확한 상황을 이해하지 못한 것도 있지만 다른 의미도 있다. 자의적인 해석에 빠져, 본래 상황을 변질시키는 것도 포함된다. 코에 걸면 코걸이고 귀에 걸면 귀걸이라는 말이다. 자신의 정당성을 입증하거나 합리화하기 위해서는, 모든 상황을 자신에게 유리한 방향으로 해석한다. 오해가 시작되는 거다.

성경도 마찬가지다.

같은 내용을 읽지만, 해석하는 게 다르다. 몇 년 전에, 온라인으로 성경 공부를 한 적이 있었다. 시간이 많이 지났지만, 머릿속에 강력하게 꽂힌 내용이 있다. 오해를 말끔하게 풀어 준 내용인데, 많은 사람이 필자처럼 오해하고 있을 수 있다는 생각이 든다. 창세기에 나오는 이야기다. 하느님께서는 아담에게 동산에 있는 모든 열매는 먹어도 되지만, 동산 가운데 있는 나무의 열매는 따 먹지 말라고 하셨다. 그 열매를 따 먹는 날, 반드시 죽을 것이라 엄포까지 놓으셨다. 선과 악을 알게 하는 열매다. 하지만 모두가 아는 것처럼, 열매를 따 먹는다. 뱀이 하와에게, 하와는 아담에게 열매를 먹게 한다.

결과는 어떻게 됐을까?

하느님께서는 따 먹지 말라고 한 열매를 따 먹었다고, 아담과 하와를 에덴동산에서 쫓아내신다. 그리고 아담과 하와에게, 각자가 짊어져야 할 삶의 무게를 얹어주셨다. 여기까지는 모두가 알고 있는 내용이다. 어떤 생각이 드는가? 너무하셨다는 생각이 들지 않는가? 필자는 그랬다. 자비의 하느님이신데 실수 한 번 한 것으로, 그렇게까지 하실 필요가 있으실까? 하는 생각이었다. 하지만 이 부분을 해석해 주시는 신부님의 말씀을 듣고, 완전히 오해하고 있었다는 것을 깨닫게 되었다. 오히려 생각하고 있던, 정반대였다.

하느님께서는 자비를 베푸신 거였다.

열매를 따 먹으면 어떻게 된다고 말씀하셨나? 열매를 따 먹는 날, 반드시 죽을 것이라 하셨다. 하지만 죽게 하지 않으셨다. 오히려 가죽 옷을 입히고 살려 보내셨다. 신부님께서는 이 부분을 말씀하시면서, 하느님께서 인간에게 내리신 첫 번째 자비였다고 하셨다. 그랬다. 자비였다. 반드시 죽는다고 하셨는데, 살려두셨다. 이보다 더 큰 자비가 어디 있겠는가! 하지만 잘못 이해한 필자 같은 사람들은, 전혀 자비라고 생각하지 못한다. 오히려 매정하다고까지 생각한다.

우리도 그렇지 않을까?

지금 나의 상황이 매우 척박하다는 생각이 들 때, 우리는 이것을 자비로 여기는가? 절대 아닐 거다. 자비는 무슨, "왜 나만 그러냐고요!"라며 원망 섞인 한탄을 쏟아낼 거다. 사람은 거의 다 그렇다. 그렇게 하는 게 정상적이다. 오히려 자비라고 생각하는 게, 더 이상할 수 있다. 하지만 가만히 생각하면, 오해하고 있음을 깨달을 수 있다. 이렇게 질문해 보면 알게 된다. '정말 나는 자비를 입지 않고 있나?' 자신이 저지른 잘못이나 그 밖에 여러 상황을 떠올려 보자. 지금 이렇게 살아가는 게 자비라는 생각이 전혀 들지 않는가? 필자는 고개를 들지 못하겠다.

어디에 초점을 맞추고 있는가?

이렇게 질문해 볼 필요도 있겠다. 에덴동산에서 쫓겨난 것만 생각하면, 불만으로 모든 것을 바라보게 된다. 좋은 몫을 얻어도 불만이 된다. 죽어야 하는데 죽지 않은 것을 생각하면, 자비를 입었다고 생각하고 그렇게 바라보게 된다. 나쁜 몫이 다가와도, 감사할 일이 되는 거다. 십자가의 성 요한은 이런 말씀을 하셨다. "나는 나에게 벌어진 일 때문에 성장하는 것이 아니라, 나에게 벌어진 일을 해석하면서 성장합니다." 나에게 벌어진 일이 중요한 게 아니다. 그 일을 어떤 시선으로 바라보고 해석하는지에 따라, 성장할 수도, 쇠퇴할 수도 있다는 의미다. 어떤 옷을 입겠는가?

셀프 코칭

나에게 일어난 일을 어떤 방향으로 해석하는가? 그 방법이 나에게 어떤 의미가 있나?

행복에 초점 맞추기

우리의 마음이 불편한 이유가 뭘까?

불일치다. 마음이 불편한 상황을 떠올려 보면, 어렵지 않게 이해할 수 있다. 스포츠 경기를 볼 때, 내가 바라는 건 응원하는 팀이 이기는 거다. 하지만 지면 마음이 어떤가? 매우 불편하다. 중요한 시점에서 지거나 다 이긴 경기를 지면, 마음은 더 불편하다. 아니 불편을 넘어 불쾌하다. 내가 원하는 것과 벌어지는 상황이 불일치하면 마음이 불편하고, 그 강도가 심하면 불쾌해진다.

사람이 화를 내는 이유도 여기에 있다.

불쾌함을 마음으로 삭이지 못하고 표출하는 게, 화(火)다. 컵과 물로 예를 들면 이렇다. 컵이 몸이라고 하면, 물잔에 담겨 있는 물은 마음이다. 불편하고 불쾌하면 컵에 있는 물이 출렁인다. 격하게 흔들리면, 물잔에 담긴 물이 밖으로 튀어나온다. 이게 바로, 화(火)다. 마음을 평온하게 하는 방법의 하나는, 이유를 찾는 마음이다. 불일치된 부분에 대해 왜 이렇게 됐는지 불평하면서 컵을 흔들지 말고, 그 이유를 찾아보라고 했다. 그러면 잠시 흔들릴 수는 있지만, 넘치지는 않게 된다.

《더 해빙 The Having》이라는 책을 우연히 집어 들게 됐다.

도서관에 다른 책을 빌리러 갔는데, 책이 보이지 않았다. 분류 번호에 맞게 왔는데도 보이지 않았다. 검색에는 있는 것으로 나왔는데 말이다. 빌리러 간 책 주변에 관심이 가는 책들이 눈에 띄었다. 그러던 중 낯익은 제목의 책이 눈에 들어왔다. '더 해빙 The Having'이라고 적혀 있었다. 알록달록한 책들 사이에 하얀 표지로 되어 있어 눈에 확 들어왔다. 언젠가 읽어봐야지 하고, 도서 목록에 적어두기도 했다. '이번에 볼까?' 하고 이 책을 집어 들었다.

5권의 책을 빌려 집으로 왔다.

빌려온 책의 머리말을 다 읽었다. 어떤 책을 읽을지 선정하기 위해서였다. 왜 그럴 때 있지 않은가? 원하는 책 포함 몇 권의 책을 더 빌렸는데, 생각지도 않은 책에 관심이 더 갈 때 말이다. 마트에서 장을 볼 때를 비유로 들면 이렇다. 마트에 가서 먹고 싶은 음식과 그 밖의 음식을 사 왔다고 하자. 다 펼쳐놓고 먹는데, 먹고 싶었던 음식보다 그냥 집어 든 음식에 더 손이 갈 때가 그렇다. 이 책도 그랬다. 원래 읽으려던 책 3권과 그냥 집어 온 2권의 책이 있는데, 그냥 집어 온, 《더 해빙 The Having》을 먼저 선택했다. 빨리 읽어보고 싶었기 때문이었다.

출근하는 내내 책을 읽었다.

사무실에 도착해서 업무 시간이 좀 남아, 그 시간에도 읽었다. 읽기 편하게 쓰인 것도 있지만, 최근에 관심을 두고 있는, 마음에 관한 이야기라 더 몰입해서 읽게 됐다. 이 책은 마음과 부를 잇는다. 두 명의 저자가 있는데, 한 명의 능력자(?)와 그 능력자를 인터뷰한 사람이다. 인터뷰한 사람이 지금까지 돈에 치인 생활을 청산하고 부자가 되고 싶다는 마음에, 능력자를 만나서 나누는 이야기다. 인터뷰한 사람은 능력자를 10년 전에 기자로 만난 적이 있던 사람이다. 마치 동화 같은 인연처럼 느껴졌다.

이 책에서 마음에 닿은 구절이 몇 개 있다.

그중 하나를 소개하면 이렇다. 앞서 말한 불일치와 연관된 이야기다.

"Having의 핵심은 편안함이에요. 진정한 편안함이란 내 영혼이 원하는 것과 행동이 일치될 때 느껴지는 감정이거든요. 흘러가는 물 위에 떠 있으면서 자연스럽게 몸을 맡기는 느낌이죠. 이 감정이 바로 우리를 부자로 이끌어 주는 신호예요."

영혼이 원하는 것과 행동이 일치될 때 느껴지는 감정.

이것이 바로 'Having'이라고 말한다. 'Having'에서 말하는 핵심은, 가지고 있는 것을 온전히 느끼고 감사하는 마음이다. '없다'에 초점을 맞추지 말고 '있음'에 초점을 맞추고 감사하라는 말이다. 그렇게 했을 때, 마음이 평온해지고 활기차게 생활할 수 있다고 한다. 이는 잠깐만 생각해도 충분히 느낄 수 있는 감정이다. 밥을 살 때, '아! 돈 나가네. 아깝게.'라는 마음이 아니라, '내가 밥을 살 수 있는 돈이 있어서 감사하네.'라는 마음을 가지라는 말이다. 그날 점심에 그렇게 해봤는데, 정말 마음이 평온했다.

밥 얘기가 나와서 조금 더 얘기하면 이렇다.

난 짠돌이다. 정말 많이 아끼려고 한다. 이왕이면 적은 돈으로 같은 효과를 내기를 원한다. 아껴야 한다는 마음 때문이다. 혼자서 밥 먹을 일이 있으면, 최대한 저렴하게 먹는다. '없음'에 초점이 맞춰진 거다. 여러 사람과 밥을 먹을 때도 그렇다. '오늘은 내가 사야지!'라는 마음을 가지면, 밥 먹을 때 마음이 편안하다. 이것이 'Having'인지는 모르겠지만, 최소한 '없음'에 집중하지는 않았다는 것만은 사실이다.

흘러가는 물 위에 떠 있는 편안함.

앞서 인용한 문장에서, 영혼이 원하는 것과 행동이 일치할 때의 느낌을 이렇게 표현했다. 거스르지 말라는 의미다. 행동할 때 '없음'에 초점을 맞춰서 마음과의 불일치를 만들지 말라는 의미로 해석된다. '있음'에 초점을 맞춰서, 행동이 원하는 것과 영혼이 원하는 것을 일치시켜야 한다. 벌어지는 상황에 대한 이유를 찾는 것도, 같은 맥락이다.

흘러가는 물이 상황이라면, 그 상황을 거슬러 다른 방향으로 가려고 하지 말고, 상황에 몸을 맡겨야 편안할 수 있다. 상황을 거슬러 불만을 품기보다 이유를 찾으며 감사하는 마음을 내야 한다. 그러면 혹시 아는가? 생각지도 못한 더 좋은 곳으로 나를 데려갈지 말이다.

셀프 코칭 --

'없음'이 아니라 '있음'에 초점을 맞추고 감사할 때, 얻게 되는 건 무엇인가?

마음 신호등에
어떤 불이 들어왔나요?

'이게 맞나?'

이런 생각이 올라올 때가 있다. 아니, 하루에도 몇 번씩 올라온다. 조금 변형해서 다양한 형태로 올라온다. '여기로 가는 게 맞나?', '이걸 선택하는 게 맞나?', '이 사람이 맞나?', '이 방식이 맞나?' 등등 셀 수 없이 많다. 왜 이런 생각이 올라올까? 확신이 들지 않기 때문이다. 명확하게 "오케이!" 하고 결정할 수 있는 확실한, 한 방이 없다. 하면 안 했으면 하고 후회할 것 같고, 안 하면 할 걸 하면서 후회할 듯한 느낌이 든다. 자장면을 시켰는데, 맛있게 얼큰할 것 같은 국물의 짬뽕을 보는 기분이랄까?

누군가 "이거야!"라고 찍어줬으면 하고, 바랄 때도 있다.

그래서 많은 사람이 점심 먹을 때, "뭐 먹을래?"라는 물음에 "아무거나!"라고 답하는지도 모르겠다. 선택하는 걸 주저한다. 점심 메뉴나

옷 색깔 같은 거라면 대수롭지 않게 넘길 수 있지만, 삶의 방향을 결정해야 할 상황이라면 어떨까? "에이, 그때는 잘 결정하겠지!"라고 말할지도 모르겠다. 하지만 아니라고 본다. 작은 것도 결정하는 습관을 들이지 않은 사람이, 큰 결정은 잘 내릴 수 있다고 보는가? 쉽지 않다. 그래서 작은 거라도, 스스로 결정하는 연습을 꾸준히 해야 한다. 점심 메뉴를 물어볼 때, 지목해서 이야기하거나 마음속으로 무엇이라고 결정하는 연습이라도 해야 한다는 말이다.

결정할 때 기준이 있는가?

갈지 말지 결정할 기준 말이다. 《더 해빙 The Having》에서 재미있는 방법을 소개한 내용이 있다. 내가 지금 소비하는 게 나의 행복을 위해서인지 타인의 눈 때문인지 식별하는 방법이기도 하다. 행복하지 않으면 올바른 소비가 아니라고 말한다. 검지(엄지 옆 손가락)와 중지(중간 손가락)를 편다. 손가락으로 총 쏘는 시늉을 하는 것처럼 편다. 그리고 손가락 끝이 하늘로 향하게 해서, 눈앞으로 가져간다. 그리고 지금 마음 상태를 살핀다. 신호등으로 비유했을 때 초록 불인가? 빨간 불인가? 이것이 바로 마음 신호등이라는 거다.

초록 불이 들어오면 옳은 선택이다.

지금 소비하는 것이 내 행복을 위해 필요하다는 것을 말해 준다. 빨간 불은, 옳지 않은 선택이다. 내 행복과 전혀 무관한 소비다. 타인에게 잘 보이고 싶거나 자존심 상하지 않기 위한 불필요한 소비다. 소비한 직후나 시간이 조금 지나고 나서야, "아! 왜 그랬지?"라고 후회하는 소비가 여기에 해당한다. 행복한 소비는, 돈을 많이 쓰고 적게 쓰고의 문제가 아니다. 마음이 편하고 기쁨이 차오르면, 그게 바로 행복한 소비다. 마음이 부대끼고 불편하면 그건 불행한 소비가 되는 거다.

어떤가, 이 방법이?

처음 이 내용을 접하고 매우 괜찮은 방법이라는 생각이 들었다. 간단하면서 강력하다. 이 동작이 마음에 들지 않으면 다른 동작을 해도 좋다. 두 손가락을 튕겨서 소리를 내는 동작도 좋다. 전등에 불이 탁하고 들어오는 것처럼, 생각이 떠오를 수도 있다. 중요한 건, 타인의 시선이 아니라, 내 마음이 중심이 된다는 사실이다. 그 마음이 편하고 기쁜지 아니면 부대끼고 불편한지는, 내가 알아차릴 수 있다. 자기만의 신호등 동작을 만들어서 해보면 재미있겠다.

《리얼리티 트랜서핑》에도 비슷한 이야기가 나온다.

영혼이 원하는 것을 하라고 말한다. 옷을 고를 때의 예를 드는데, 명확하다. "옷의 홍수 속에서도 어떤 옷에 특별히 느낌이 끌린다면 당신은 그 즉시 드디어 물건을 찾아냈음을 깨닫게 될 것이다." 이런 경험이 한 번쯤은 있을 거다. 많은 옷 가게를 돌아다니는데, '이거다!' 싶은, 마음이 드는 옷을 발견할 때 말이다. 그 이유를 설명하라고 하면,

"그냥!"이라는 대답이 나올 가능성이 크다. 영혼이 원하는 것은 그 이유를 찾을 필요가 없다고 말한다. "선택의 확실한 기준은 다음의 단순한 진리 속에 있다. 자신을 설득해야 한다면, 그것은 다른 사람의 것이다. 이것을 알라. 그 옷이 당신의 것이라면 자신을 설득할 필요가 없다." 그래서 이렇게 질문하라고 한다. "너의 영혼은 무엇에 끌리는가?" "무엇이 너의 삶을 잔치로 바꿔놓을까?"

어떤가?

명확하지 않은가? 책을 읽지 않은 상태라면, 이해하기 어려울 수도 있겠다. 지금 이 책들이 끌린다면 책 읽기를 추천한다. 혹 그렇지 않다면, 명상을 추천한다. 명상이라는 단어조차 부담스럽다면, 그냥 호흡이라고 해도 좋겠다. 항상 하는 숨쉬기 말이다. 이것을 의식적으로 해보자. 나의 내면을 계속 들여다보고 호흡과 알아차림을 하면서, 자기를 들여다볼 시간을 가져야 한다. 그리고 계속 자신에게 질문해야 한다. '내 감정은 어떻지?', '이 감정은 어떤 생각에서부터 시작된 거지?', '내가 진정으로 원하는 것은 뭐지?' 이렇게 내 감정과 생각 그리고 갈망을 알아차려야 한다. 선택하기 주저하는 근본적인 이유가 여기에 있을지도 모른다.

내 감정과 생각 그리고 갈망을 모르는데 어떻게 선택할 수 있을까?

알아차리도록 연습하고 노력해야 한다. 잘 안 돼서 속상하고 마음이 더 불편하더라도, 인내하고 계속해서 찾고 또 찾아야 한다. 내가 진정으로 원하는 것이 무엇인지 알고 있을 때, 기회가 와도 잡을 수 있다. 지금 만나는 이 사람이 나의 은인이 될지 악연이 될지도 알아차릴 수 있다. 어디로 가야 할지 모르고 일단 가고 있었다면, 이제는 어디로 가야 할지 알고 갈 수 있다. 그러면 뭐가 좋을까? 이 길이 옳은지 그른지 구분할 수 있다. 지금까지는 '뭐! 맞겠지?' 하며 왔다면, 이제는 "어! 맞네!"라며 갈 수 있다. 전자와 후자 중 어떤 마음으로 가고 싶은가? 그리고 지금은 어떤 마음으로 가고 있는가?

셀프 코칭

지금 나의 감정은 어떤가? 그 감정은 어떤 생각에서 오는가? 그리고 진정으로 원하는 것은 무엇인가? 무엇을 알아차렸는가?

끌어당김의 법칙은,
마음 챙기기로부터 시작된다

옷장을 정리한 적이 있었다.

엄밀히 말하면 '장'은 아니다. 욕실 들어가는 입구에 화장대가 있는데, 그 뒤편에 옷을 걸어놓는 곳이 있다. 이곳이 필자의 옷장이다. 계절이 바뀌는 시점이기도 했고, 오랫동안 입지 않은 옷을 처리하기 위한 작업이기도 했다. 세탁소에서 온 수많은 옷걸이도 정리했다. '이게 왜 여기 있지?'라는 생각이 드는 물건이, 구석에 얌전하게 있는 것도 보였다. 항시 정리할 때는, 먼지도 마시고 굽은 자세로 오래 있어서 그런지 몸에 피로감이 몰려온다. 하지만 깔끔하게 정리된 상태를 보면, 마음은 상쾌해진다. 이 상쾌함이 몸의 피로감을 밀어내기도 한다.

문제는 그다음이다.

잘 정리된 상태를 유지하기 위해 최대한 조심스레 옷을 빼고 건다. 불필요한 옷걸이가 있으면 한쪽으로 정리하기도 한다. 그렇게 며칠이

지나고, 정리에 대한 감각이 조금씩 둔해질 때쯤이면, 예전 상태로 돌아가려는 조짐이 보인다. 그때도 그랬다. 퇴근하고 옷을 갈아입는데 이런 느낌이 들었다. '언제 이렇게 됐지?' 물론 혼자만 사용하는 공간이 아니다 보니, 필자가 아닌 다른 누가 그냥 올려두거나 걸쳐둔 것도 있다. 그걸 핑계를 댄다면 나름 잘 유지한 상태가 된다. 하지만 그렇게 밀고 싶진 않았다.

'어떻게 해야, 정리된 상태가 계속 잘 유지될까?'

잠깐 이런 생각을 하는데, '매일'이라는 단어가 떠올랐다. 매일, 지금 상태를 유지하기 위해 살피고 정리하면 된다는 말이다. 사실 그렇게 하면, 지난번처럼 날 잡고 정리할 필요도 없다. 매일 잘 살피고 정리하니, 굳이 그럴 필요가 없어지는 거다. 시간도 얼마 들지 않는다. 옷을 갈아입을 때 아주 잠깐, 몇 번 손만 가면 된다. 설거지도 그렇지 않은가? 먹은 그릇을 바로 씻으면 1분도 안 걸린다. 그리고 금방 닦인다. 하지만 쌓아둔 설거지는 어떤가? 많은 시간을 들여야 한다. 걸쭉한 국물을 담았던 그릇이나 기름기가 강한 음식을 담았던 그릇은, 닦아내기가 쉽지 않게 된다. 최소 2~3배의 노력과 시간은 더 들여야, 간신히 닦을 수 있다.

우리 마음도 그렇다.

그냥 일상을 살다, 어느 날 문득 마음이 힘들다는 느낌이 올라온다.

그 힘든 마음을 걷어내고 덜어내려면 어떤가? 어디서부터 시작됐는지도 모를 실마리를 찾기 위해, 오랜 시간 고민해야 한다. 찾았다고 해도, 어디서부터 어떻게 풀어야 할지 막막해진다. 오래 쌓아둔 설거짓거리와 같게 되는 거다. 설거지는 더는 그릇이 없으면 음식을 먹을 수 없으니 어쩔 수 없이 하지만, 마음은 그렇지 않다. '에이 몰라!'라며, 그냥 내버려 둘 때가 많다. 그렇게 방치된 마음이 잘 추슬러지면 다행이지만, 엉뚱한 방향으로 뛰니 문제가 된다.

우발적으로 벌어지는 사건 사고가 그렇다.
자신도 모르게 그냥 말이, 그리고 행동이 뛰어나간다. 다시 주워 담을 수 없는 상태가 되고, 더는 수습하기 어려운 상태에 이르기도 한다. 후회하지만, 이미 자신이 할 수 있는 건 없다. 한 번이지만, 그 대가가 너무 클 때도 있다. 억울하지만 어찌할 수 없다. 그래서 마음을 돌아보는 시간을 매일 가져야 한다. 5분이라도, 이동 중이라도, 어디서 무엇을 하더라도, 꼭 그 시간을 가져야 한다. 그렇게 5분의 시간을 가지면, 몰아서 몇 시간을 사용하지 않아도 된다. 설거지처럼 말이다.

가장 좋은 시간은, 일어나서 바로다.
새벽이면 좋지만, 그렇지 않더라도 잠시 자신을 돌아볼 필요가 있다. 어제 있었던 일을 떠올리며 그때 내 마음은 어땠는지 살핀다. 좋은 것은 좋은 것대로 나쁜 것은 나쁜 것대로 알아차리고 흘려버린다. 그리고 오늘 계획한 일을 떠올린다. 내가 원하는 방향으로 이미 이루어졌다고 상상한다. 그렇게 좋은 마음으로 하루를 시작한다. 이렇게라도 매일 반복하면, 마음 상태를 매일 들여다볼 수 있다. 늦잠을 잤다면 이동 중에 해도 된다. 언제라도, 어느 때라도, 해도 된다. 이거 하나만 지키면 된다. 매일, 하루를 시작할 때, 5분.

여기서 질문!

왜 마음 챙김이 필요할까? 불편한 마음을 좀 편안하게 하면 좋으니까? 이것도 틀린 말은 아니다. 하지만 더 중요한 게 있다. 나에게 일어나는 모든 일은, 내 마음 상태에 따라 달라진다. 내 마음 상태가 좋은 에너지로 가득 차 있으면, 좋은 에너지로 가득 찬 사람들이 다가온다. 좋은 에너지는 좋은 것을 내어놓는다. 설사 그렇지 않더라도, 내 상태가 좋으니 좋은 방향으로 해석해서 좋게 만든다.

내 마음 상태가 나쁜 에너지로 가득 차 있으면 어떻게 될까?

그렇다. 나쁜 에너지로 가득 찬 사람들이 다가온다. 정작 본인은, 그게 나쁜 에너지인지도 모른다. 그렇게 젖어 들면 익숙해지고 그 안에 머문다. 판단이 흐려지고 말도 안 되는 생각을 한다. 좋은 에너지와 기회가 와도 알아보지 못한다. 주변이 그러니 자기 생각이 잘못됐다는 것도 알아차리지 못한다. 너무도 안타까운 일이다. 대화할 때, 어떤 이야기를 해도 자기 세계에 갇혀 나오려고 하지 않는 사람이 그렇다. 벗어나고 싶다고는 말하는데, 벗어나려는 어떤 결심과 노력을 하려 하지 않는다. 그러면 그 사람에게 이렇게밖에 이야기해 줄 게 없다. "물에 빠진 사람이 손을 내밀지 않으면, 그 사람을 물에서 건져내줄 수가 없어."

마음을 챙기는 것은, 자기 삶을 챙기는 것과 같다.
지금까지의 삶이 마음에 들지 않거나 조금 더 나은 삶을 원한다면, 일단 마음부터 챙겨야 한다. 마음을 챙기면, 다른 것도 차례대로 챙길 수 있게 된다. 그렇게 조금씩, 지금보다 더 나은 삶으로 나아갈 수 있다. 중요한 건, 자각이다. 마음 챙김이 필요하다는 스스로 생각과 결심이다. 그리고 손을 내미는 결단과 노력이다. 그러면 좋은 에너지를 가지고 있는 사람이 도움을 준다. 그릇이 갖춰졌으니, 담을 수 있는 것을 받을 수 있다는 말이다. 이것이 바로 끌어당김의 법칙이다.

⟋⟍
◖ 셀프 코칭 ▶ --
내가 더 나은 방향으로 나아가기 위해. 가장 먼저 챙겨야 할 것은 무엇인가?

용기 내는 삶

'용기'라는 단어가, 머리와 가슴에 자주 맴돌 때가 있었다.

사전에 보면, '씩씩하고 굳센 기운 또는 사물을 겁내지 아니하는 기개'라고 나와 있다. (출처: 네이버 국어사전) 일반적으로 알고 있는, 정의다. 인물을 예로 든다면, 삼국지에 나오는, '장비' 같은 인물이지 않을까 싶다. 때로는 무모하다 싶긴 하지만 말이다. 어쨌든 일반적인 의미에서 용기는, 강한 모습이나 기운을 나타낸다고 말할 수 있다.

과감한 용기도 있다.

위험을 무릅쓰는 용기다. 철로에 떨어진 아이를 구하기 위해, 열차가 달려오는데도 불구하고 과감하게 뛰어드는 용기가 그렇다. 누군지 알지도 못하는 아이를 위해, 몇 초도 안 되는 시간에 판단하고 행동한다. 이는, '해야지!' 해서 나오는 행동이 아니다. 익숙한 기술처럼, 생각과 행동을 꾸준히 했을 때라야 가능하다고 본다. 체화되었다고 표현하는 게 맞겠다. 생각보다 몸이 먼저 반응하기 때문이다. 호신술을 체화시키려면 한 동작을 만 번은 반복해야 한다는, 옛 사범님의 말씀이 떠오른다. 생각을 만 번 정도 하면, 행동으로 자연스레 나타날 것 같기도 하다.

　또 다른 용기도 있다.

　용기가 필요하다고 말하는 사람이 있다. 용기를 내라고 말하는 사람도 있다. 여기서 말하는 용기의 의미는, 앞서 말한 강한 이미지나 과감한 이미지가 아니다. 방향에 대한 고민과 행동에 관한 용기다. 내가 가고자 하는 방향과 주변에서 강요하는 방향이 다를 때가 있다. 필자의 첫째 아이가 고등학생 때, 진로 선택이 그랬다. 아이는 문과에 가고자 했고, 선생님을 비롯한 주변에서는 이과에 가야 하지 않겠냐고 했다. 취업이 더 잘 된다는 게 그 이유였다. 많은 고민 끝에 아이는 문과를 선택했다. 자신이 가고자 하는 길이 문과였기 때문이었다. 용기 있는 선택을 했다고 응원해 주었다.

　나이가 들어감에 따라, 용기를 내야 할 지점이 더 많아지는 듯하다.

　직업이나 직장을 선택할 때, 그리고 결혼할 때도 용기를 발휘해야 한다. 무엇을 우선순위에 두느냐에 따라 선택의 방향은 달라진다. 그 우선순위가, 주변의 의견인지 자신의 의견인지에 따라, 달라진다. 주변의 말과 자기 생각이 같으면 모르겠지만 말이다. 그래서 용기가 필요하다고 이야기한다. 용기를 냈던 사람은 그 사람의 언어로, 당당하게 이야기한다. 현재 자기 모습에 만족하기 때문이다.

용기를 내지 못했던 사람은, 또 다른 언어로 용기를 내라고 말한다.

용기를 내지 못한 결과가, 현재 자기 모습이기 때문이다. 왜 그럴까? 왜 모두가, 자신이 원하는 방향으로 가라고 말하는 걸까? 자신이 가고자 한 방향으로 가야 행복하기 때문이다. 행복한 상태의 정의는 사람마다 다르다. 하지만 최소한의 조건은, 마음이 부대끼지 않은 상태가 아닐까?

마음의 부대낌을 느껴본 적이 있는가?

매우 불편하다. 감정이 매우 얽혀 있는 느낌이다. 마음에 힘이 빠지고 동시에 몸에도 힘이 빠진다. 아무것도 하고 싶지 않고, 의욕도 없어진다. 왜 거기에 있는지조차 혼란스럽다. 무엇이 나를 거기에 데려다두었고, 있게 했는지조차 희미해진다. 아니, 정확히 말하면, 부정하고 싶어진다. 용기를 내지 못하고 미룬 나의 선택을 부정하고 싶어진다.

추운 겨울, 따뜻한 이불 속을 벗어나는 건 매우 힘겹다.

새벽에 일어나는 것이라면 더욱 그렇다. 아직 시간이 있기 때문이다. 일어나야 하는 한계선에 걸리지 않으면, '조금만 더, 조금만 더'를 주문처럼 외우면서 자기를 설득한다. 하지만 매번 경험한다. 임박해서 일어났을 때, 정신없이 허둥댈 수밖에 없다는 것을 말이다. 10분만 더 일찍 일어났다면 이 정도까지는 아니었다고 후회를 하지만, 이미 엎질러진 물이다. 그날은 아침은 당연하고 오후, 심하면 저녁까지 그 영향이 밀려간다.

일어날 용기를 발휘하지 못한 건, 하루 이틀이면 잊힌다.

하지만 인생의 중요한 길목에서 용기를 발휘하지 못하는 건, 그보다 오래간다. 누군가의 깊은 한숨처럼 평생을 따라다닐 수도 있다. 용기를 내야 한다. 용기라고 해서 매우 대단한 일을 벌이라는 건 아니다. 지금 할 수 있는 최소한의 노력, 그리고 최소한의 방향을 틀어보자는 말이다. 처음 벌어진 조금의 각도가 시간이 갈수록 점점 벌어진다는 사실은 누구나 잘 알고 있다. 마찬가지로, 내가 지금 가고자 하는 방향으로 살짝 튼 행동은, 언젠가 큰 각도 차이의 결과로 돌아오게 된다. 그러니 조금이라도 용기를 내야 한다. 바로 지금 말이다.

셀프 코칭

내가 가고자 하는 방향으로 한 걸음을 내딛기 위해 발휘해야 할 용기는 무엇인가?

죽을 확률 100%일 때의 선택

2021년, 전 세계를 들썩였던 드라마가 있었다.

〈오징어 게임〉이다. 무엇이든 처음이 어렵다고 했던가? 〈오징어 게임〉으로 시작된 열풍은, 뒤이은 드라마까지 영향을 미쳤다. 당연히 드라마들이 그럴 만한 작품이기도 하지만, 선두에서 일으킨 열풍의 덕을 보지 않았다고는 말할 수 없을 거다. 이는, 길 없는 산길을 올라가는 것에 비유할 수 있다. 처음에 올라가는 사람이 잔가지를 잘 치면서 길을 만들어 주면, 뒤이은 사람들이 수월하게 올라가는 것처럼 말이다.

〈오징어 게임〉 후반부에, 징검다리 게임이 나온다.

매우 높은 곳에 징검다리처럼 지점들이 있다. 유리로 되어 있는데, 어떤 유리는 강화유리라 안전하게 착지할 수 있고, 다음 칸으로 넘어갈 준비를 할 수 있다. 어떤 유리는 일반 유리라 착지하는 순간 와장창 깨지고, 바닥으로 떨어져 즉사한다. 한 칸 한 칸 옮길 때마다 신중에 신중을 기해야 한다. 그렇다고 마냥 신중할 수만은 없다. 제한된 시간이 있기 때문이다. 시간이 되면 모든 유리는 깨지게 되고 그 위에 있는 모든 사람은 떨어져 죽게 된다. 앞에서 멈칫거리면, 뒤에 있는 사람들이 빨리 가라며 재촉한다.

순서에 따라 각각 유리하거나 불리한 점이 다르지만, 공통점이 있다. 건너가기 위해서는 무조건 발을 떼야 한다는 사실이다. 발을 떼지 않으면 한 칸도 옮길 수 없다. 어느 쪽으로 갈지 판단해서, 과감하게 발을 떼고, 옮겨야 한다. 그래야 결과가 나온다. 어디라도 옮기면, 죽거나 살거나 각각 50%의 확률을 가질 수 있다. 하지만 그대로 있으면 100%로 죽게 된다. 시간이 초과하기 때문이다.

석유를 실은 배에서 불이 난 일화가 떠오른다.
모든 선원이 갑판에 올라왔다. 바다 한가운데로 뛰어내릴지 말지를 결정해야 했다. 배에 그대로 있으면 죽을 확률 100%지만, 뛰어내리면 살아날 확률이 그래도 0.1%는 된다고 볼 수 있었다. 각자가 선택했고 자신의 선택에 따라 확률 100%대로 된 사람도 있고 0.1%의 희망으로 살아난 사람도 있다. 침몰하는 현재에 가만히 머물러 있으면 죽을 확률 100%지만, 과감하게 발을 떼서 옮기면 최소 0.1%의 희망이라도 있다는 교훈이다.

이와 반대되는 속담도 있다.

'구관이 명관이다.'라는 속담이다. 새로운 것을 추구하지만, 결국 기존의 것이 더 좋다는 의미에서 사용된다. 현재 있는 곳이 마음에 들지 않을 때, 새로운 곳으로 옮기길 원한다. 그렇게 선택해서 발을 뗐는데, 기존에 있던 곳보다 더 좋지 않을 때가 있다. 앞서 말한 이야기를 반박하기 위해 사용하기 좋은 이야기다.

우리는 선택해야 한다.

그렇다면 무엇이 옳은 선택일까? 과감하게 발을 떼는 것이 옳은 선택일까? 있을 수 있다면 가만히 있는 것이 옳은 선택일까? 누구도 장담하진 못한다. 다만 전자의 경우는 내가 선택하고 행동할 수 있지만, 후자의 경우는 내가 선택한다고 다 되는 건 아니다. 선택의 여지가 없을 수도 있다는 말이다. 공동체의 선택을 받아야 가능하다. 자신이 선택을 고려하거나 확정할 수 없는 상황이 벌어질 수 있다.

선택의 기준은 어디에 있을까?

경쟁력에 있다. 공동체 안에서 경쟁력을 가질 수 있느냐 없느냐에 따라, 발을 뗄지 머물러야 할지 결정해야 한다는 말이다. 개인이 공동체와 맞설 수 있는 건 하나뿐이다. 경쟁력이다. 경쟁력이 있다는 말은, 내가 그 공동체에 꼭 필요한 사람이라는 말과 같다. 나는, 지금 내가 머물러 있는 공동체에 꼭 필요한 사람인가? 그렇다면 머물러 있어도 좋다. 그렇다고 방심하면 안 되겠지만 말이다. 경쟁력이 없다면? 발을 떼는 용기를 내야 한다. 그렇지 않으면, 누군가에 의해 어쩔 수 없이 발을 떼야 하는 상황이 생긴다. 필자도 겪어봤지만, 참담하고 암울하다. 그리고 대안을 찾을 시간이 없다. 사실, 어떠한 선택도 정답은 없다. 다만, 이것만 명심하자.

"최악의 선택은, 잘못된 선택을 한 것이 아니라, 내가 한 선택을 부정하는 것이다!"

셀프 코칭

나의 선택을 이끄는 가장 강력한 기준은 무엇인가?

현재에 집중하고 감사할 때
벌어지는 기적

가능성 제로에 도전해 본 적이 있는가?

가능성이라는 것은 이미 벌어졌거나 지금 벌어지는 것에 관한 이야기가 아니다. 앞으로 벌어질 일에 대한 실현 정도를 말한다. 예측이라는 말이다. 그것을 숫자로 표현한 것을 우리는, 확률이라고 표현한다. 확률이 100%에 가깝다면, 아주 여유롭게 그 시간을 기다리거나 준비한다. 하지만 앞서 말했듯이 제로에 가깝다면 어떨까? 아주 초조한 마음으로 기다리거나 아예 시도조차 하지 않는다. 개인의 것이라면 한번쯤 경험하는 것도 나쁘지 않겠지만, 공동체 혹은 회사의 일이라면 어떤가? 시도하는 것 자체가 무모하다고 여겨진다.

하지만 도전한다면?

〈무한 도전〉이라는 프로그램이 떠오른다. 첫 방송을 봤는데, 말도 안 되는 도전이라 생각했다. 아니, 그냥 '저걸 왜 하지?'라는 생각밖에 들지 않았다. 그래서 처음에는 〈무모한 도전〉이라는 제목이었던 것으로 기억된다. 대중목욕탕에서 진행됐다. 두 개의 탕에 물이 가득 담겨 있었다. 하나는 배수구 뚜껑을 열어서 물을 빼고, 하나는 출연진이 물을 퍼내는 시합(?)이었다. '이걸 왜?'라는 의구심을 품은 채로 지켜봤다. 이후로도 몇 번을 잠깐 봤는데, 제목에 충실한(?) 프로그램이라는 생각만 들었다. 정말 무모했으니 말이다. 예능이니 그냥 보지만, 현실이라면 참담하고 암울하다.

이 정도는 아니지만, 이런 도전을 한 기억이 있다.

한 15년 전으로, 마케팅 실무를 하고 있을 때였다. 새로운 거래처의 프로젝트를 따거나 기존 거래처에서 새롭거나 큰 프로젝트를 하려면, 경쟁 입찰(Bidding)을 한다. 서류 전형으로 선별하기도 하고, 경쟁 PT를 진행하기도 한다. 말 그대로 경쟁으로 프로젝트를 가져오는 거다. 하지만, 때로는 형식적일 때도 있다. 너무 중요한 프로젝트이거나, 어느 정도 일이 진행되고 있는 상황에서는 그렇다. 한 번의 프레젠테이션으로 결정하기에는, 아무래도 무리가 있다고 판단하는 모양이었다.

형식적인 입찰에 참여하게 됐다.

거래처 담당자의 부탁 때문이었다. 우리 회사에서는 진행하지 않았던 프로젝트였다. 여러모로 우리가 진행하기에는 역부족이라는 생각이 들었다. 구두로, 어느 정도 진행도 된 모양이었다. 하지만 새로운 부서장이 오면서, 경쟁 입찰로 진행하게 됐다고 한다. 알았다고 말하고 돌아서는데, 살짝 오기가 생겼다. '이왕 하는 거 후회 없이 해보자! 처음부터 잘하는 사람이 어디 있겠어!'라며 스스로 파이팅을 불어넣었다.

프로젝트의 성향부터 파악했다.

지금까지 해보지 않은 생소한 프로젝트였다. 이 프로젝트는 거래처와 업체가 함께 기획하고 준비한 것처럼 보였다. 쉽지 않아 보이긴 했지만, 불가능해 보이진 않았다. 새로운 입찰을 준비할 때 필자가 정한 기준이 있었다. "남들보다 잘하려고 노력하지 말고, 나만이 할 수 있는 것을 하자!" 그래서 그때 필자의 블로그 닉네임도, 'Only One'이었다. '차별화할 수 있는 우리 회사만의 강점이 뭘까?' 생각했다. 분명히 있었다. 그것을 최대한 어필하고 공략하기로 했다.

경쟁 PT 당일이었다.

원래(?) 하기로 한 업체가 먼저 했다. 소규모로 진행돼서 그랬는지, 두 업체가 함께 발표했다. 우리와 그곳, 딱 두 곳이었다. 지금은 말도 안 되는 일이지만 말이다. 아마도 새로운 부서장은, 각 업체의 강점을 살리고 협력하려는 의도가 있는 듯 보였다. 경쟁 업체는 역시, 잘 준비된 자료였고 발표였다. 살짝 주눅이 들 정도였다. 하지만 자신감 하나만큼은 어디서 뒤지지 않았기에, 처음이지만 잘할 수 있는 강점을 부각해서 설명했다.

결과는 어땠을까?

전국으로 진행하려던 프로젝트인데, 지역을 나눠서 하기로 결정됐다. 전국 프로젝트였기에 한 업체에서 진행하는 건 무리가 있다고 판단한 모양이었다. 부서장은 처음부터 그런 듯했다. 담당자들의 생각은 아니었을지 몰라도 말이다. 그렇게 반으로 가르고 시작했는데, 결론적으로는 우리 회사가 70% 정도 진행하게 되었다. 전국 프로젝트라 진행할 때는, 지역팀장들과 먼저 유선으로 소통한다. 이때를 기회로 생각했다. 최대한 친절하게 그리고 협조적으로 소통했다. 그랬더니 지역팀장들이 우리 회사와 하고 싶다고 마케팅에 의견을 낸 거다. 그렇게 조금씩 지역을 넓혔고, 결과적으로 더 많은 지역을 하게 됐다.

이렇게 생각했으면 어떻게 됐을까?

처음이라고, 모르는 프로젝트라고, 어차피 결정된 거니 안 될 거라고 말이다. 하지 못할 이유에 집중했다면 어떻게 됐을까? 되는 방법이 아닌, 안 되는 이유에 집중했다면 어떻게 됐을까? 준비도 대충 했을 거다. 발표할 때는 하기 어렵다고 말했을 거다. 그러면 기회 자체를 얻지 못했을 거다. 진행도 못 했을 거고 경험도 못 했을 거다. 가장 중요한, 사람을 얻지 못했을 거다. 그때 알게 된 분들이, 이후 다른 프로젝트도 많이 도와줬다. 그렇게 회사와 필자가 많이 성장한 계기가 됐다.

현장에 가면 본사 마케팅 책임자보다, 협력업체인 필자를 먼저 챙겨줬다.

어떤 담당자는 고객한테 줘야 할 기념품인데 하나 챙겨놨다면, 몰래 필자를 불러 전해 주기도 했다. 보기에도 고급스러워 보이는 건강식품이었다. 또 누군가는 케이크를 챙겨주기도 했다. 이 외에도 많다. 그분들이 하나같이 하는 말은, 도와줘서 고맙다는 거였다. 당연히 해야 할 일이, 그들에게는 고마운 거였다. 그런 마음들이 하나하나, 정말 고마웠다.

이 모든 시작은, 한번 해보자는 마음이었다.

가능성의 확률을 예측해서 판단한 게 아니라, 일단 해보자는 마음이었다. 그렇게 했더니 방법이 보였고 제로였던 가능성의 확률이 조금씩 올라갔다. 사랑 온도계의 붉은색이 올라가듯, 그렇게 올라갔다. 결정적으로 현장에서 가능성을 쭉 끌어올렸고, 진행하면서 주도권까지 가져왔다. 처음부터 주도권까지 생각했다면, 시작조차 하지 못했을 거다. 엄두가 나지 않았으니 말이다. 처음에는 일단 시작하는 마음과 할 수 있다는 마음, 그리고 현재 가지고 있는 것에 집중하고 감사하는 마음이 전부였다. 그 시작이 이 모든 것을 이루게 해줬다.

내가 현재 가지고 있는 게, 적을 순 있다.

하지만 전부는 아니다. 전부라고 생각하는 순간, 시작조차 하기 어렙게 된다. 현재 가지고 있는 것에 집중하고 감사하며, 할 수 있는 것을 찾아야 한다. 그래야 시작할 수 있고 도전할 수 있다. 그러면 주변 사람과 환경이, 그리고 상황이 나에게 도움을 주려고 줄을 선다. 나에게 줄을 서지 않는, 아니 못 하는 이유는 내 상태가 준비되어 있지 않기 때문이다. 그러니 주변 환경 그리고 상황에 집중하지 말고, 하고자 하는 의지와 내가 가진 것에 집중하고 감사해야 한다. 그래야 나에게 줄을 서고 도와준다. 줄 세울 준비가 되었는가?

가치를 결정하는 삶의
시선과 태도

"'같이'의 가치"

한 금융회사의 광고 문구였다. 듣는 순간, 참신한 아이디어라 생각됐다. 동음이의어를 활용한 최고의 문구가 아닐까? 함께하는 것을 최고의 가치로 여긴다니 말이다. 가치는 개인에게도 공동체에도, 매우 중요하다. 생각의 중심이자 행동을 결정하는 이유이기 때문이다. 어떤 상황이 발생했을 때 무의식적으로 떠올랐다고 말하지만, 가만히 돌이켜보면 그 생각은 자신의 가치에서 나왔다는 것을 알 수 있다. 행동도 마찬가지다. 순간적으로 벌어진 상황에서 취하는 행동은, 그 사람이 품은 가치를 알게 한다. 흔히 '됨됨이'라고 표현하는 것 말이다.

《네 안의 잠든 거인을 깨워라!》에서도 가치의 중요성을 강조한다.

그 사람이 지닌 가치에 따라, 삶이 달라진다고 말한다. 지금까지 자기 삶이 마음에 들지 않는다면, 자기 가치를 살펴보고 그 순서를 바꾸라고 조언한다. 실제 세미나에서 겪은 사례도 소개한다. 한 사람을 인터뷰했다. 누가 봐도 성공한 삶을 사는 사람이 있었다. '포천 500'에 선정된 사업체를 운영하는 사람이니, 사회적으로 꽤 성공했다고 봐도 무방하겠다. 급여도 괜찮고 그 밖의 생활도 괜찮아 보였다. 괜찮은 정도가 아니라 부러웠다. 세미나에 참석한 다른 사람들은 다 그렇게 여겼을 거다. 하지만 이 사람은 그렇지 않았다.

뭔가 불만에 차 있었다.

더 높은 급여와 지금보다 더 나은 삶이 되어야 만족할 수 있다고 말한다. 그 사람의 가치를 물었다. 정확하게 기억나진 않지만, 최상을 추구하는 가치였던 것으로 기억된다. 이에, 토니 라빈스는, '유연성'을 추가하면 어떻겠냐고 물었다. 그때부터 이 사람의 표정이 달라졌다고 한다. 앉는 자세도 달라졌다고 한다. 그 안에 있던 사람들이 느낄 정도로 말이다. 이후에 나눈 대화는 좀 더 부드러워졌다. 농담도 섞을 정도로 말이다. 유연성이라는 가치를 추가했을 뿐이다. 그것도, 넣어보면 어떻겠냐는 말이었음에도 사람이 이렇게 달라질 수 있다는 게 놀라웠다.

또 한 명의 사람과 인터뷰를 나눴다.

이 사람은 성공한 사람처럼 보이진 않았지만, 표정이 밝았다고 한다. 어떻게 그럴 수 있느냐고 묻자, 아침에 눈을 뜨고 일어나 발아래를 내려다보면, 느낀다고 했다. 살아서 두 발로 바닥을 디딜 수 있음에 감사하다고 말이다. 사실 이렇게 말하는 사람은 많이 있다. 감사의 소중함을 아는 사람은 그렇다. 하지만 정말 마음에서부터 올라와 이렇게 느끼는 사람은 얼마나 될지 의구심이 든다. 이 사람은 책으로지만, 정말 그렇게 생각하는 게 느껴졌다. 일상을 기적으로 여기는 거다. 매 순간이 기적인데, 어찌 감사하지 않을 수 있을까? 이 사람에게 삶이 행복과 감사로 가득 찬 건, 너무 당연한 일이다.

이 두 사람의 차이가 뭘까?

표면적으로는 전자의 사람은 성공했기 때문에 행복해 보이는데, 실제로 후자의 사람이 더 행복해 보이는 이유 말이다. 가치가 다르기 때문이다. 행복을 느끼는 기준이 다르다는 말로 설명해도 좋을 듯하다. 가치는 이렇듯 중요하다. 삶이 달라진다고 말하는 이유가, 그냥 하는 말이 아니다. 어떤 가치를 가졌는지 그리고 그 가치의 우선순위를 어떻게 배치할지에 따라, 삶이 달라진다. 아니 정확하게 말하면, 삶을 바라보고 대하는 태도가 달라진다. 시선과 태도가 달라지면 어떻게 되는가? 보이지 않던 것이 보인다.

시선의 차이에 관해 명확하게 설명하는 이야기가 있다.

크리스마스 축제가 한창인 도시에 아이와 그 엄마가 걸어가고 있었다. 축제 분위기로 모든 사람의 표정이 매우 밝고 상기돼 있었다. 아이의 엄마도 그 분위기에 취한 채로 아이의 손을 잡고 사람들 틈을 빠져

나가고 있었다. 하지만 유일하게 아이만 얼굴을 찡그리며 울고 있는 게 아닌가! 아이 엄마는 이해가 되질 않았다. 이런 분위기에서 어떻게 그럴 수 있을지 의아했다. 사실 자기보다, 아이에게 이런 분위기를 느끼게 해주려고 나왔는데 말이다. 아이의 울음소리가 더 커지자, 참고 있던 엄마는 얼굴을 일그러트리며 무릎을 굽혀 아이와 얼굴을 마주했다.

그때, 엄마는 왜 아이가 그럴 수밖에 없었는지 알게 되었다.

아이의 눈높이에서 바라본 모습은 어른들의 다리뿐이었다. 빽빽하게 차서 정신없이 움직이는 다리를 보고 있으니, 엄마도 갑갑함과 섬뜩함이 느껴졌다. 엄마는 아이를 안아서 들어 올렸다. 그러자 그렇게 울던 아이는 울음을 멈추고 밝은 표정으로 축제 분위기를 즐길 수 있었다. 시선의 차이는 이렇게 상반된 결과를 가져온다. 잠깐의 시선도 이런데, 삶의 시선과 태도는 어떤 차이를 가져오겠는가? 엄청난 차이를 가져온다. 앞선 두 사람의 사례처럼 더 좋은 조건의 사람은 불행하고, 그렇지 않은 사람은 행복하다.

결론적으로 이렇게 말할 수 있다.

내가 소유하고 있는 것이 내 마음 상태를 만들지 않는다. 자기 상황을 해석하는 시선과 태도, 즉 가치의 우선순위에 따라 마음 상태는 달라진다. 지금 상황이 마음에 들지 않는다면 자신의 가치를 먼저 점검해 볼 필요가 있다. 그 가치를 나열하고 현재 우선순위를 정해 보는 거다. 그리고 그 우선순위를 어떻게 바꾸면, 지금보다 조금은 더 나아질지 재배치해 보는 거다. 그것만으로도 조금은 마음 상태가 달라진다. 시선과 태도가 바뀌었으니 당연하다. 어른들 다리 사이만 바라보다 화려하고 예쁜 모습을 보는 아이처럼 말이다.

셀프 코칭 --

나의 시선과 태도는 어디에 맞춰져 있나? 그 초점이 내 마음과 상태를 어떻게 결정하는가?

내가 가는 방향은 내가 결정한다

"근묵자흑(近墨者黑)"

검은 것을 가까이하면 검은 사람이 된다는, 사자성어다. 같은 의미로 사용되는 다른 사자성어로는, "근주자적(近朱者赤)"이 있다. 붉은 것을 가까이하면 붉은 사람이 된다는 뜻이다. 검은색과 붉은색이라는 색의 차이만 있을 뿐, 그 의미는 같다. 사람도 주변 환경에 따라 변할 수 있다는 의미로 사용된다. 주변 환경이라는 것은 사는 곳의 여건일 수도 있으나, 사람일 가능성이 더 크다. 주변 사람들의 성향에 따라, 성격이나 말투와 행동이 달라지기도 한다. 그래서 주변 환경의 중요성을 강조한 한자 성어들이 많이 있다.

사람과 주변 환경은 불가분의 관계다.

불가분의 관계가 여럿 있지만, 사람과 주변 환경만큼 끈끈한(?) 관계도 없다. 그 차이를 뚜렷하게 느낄 수 있는 예가 군대다. 군대라는 환경은 사람의 성격이나 말투, 행동을 바꾸기도 하지만, 체격을 바꾸기도 한다. 삐쩍 말랐던 사람이 군대 가서 휴가 나온 모습을 보면, 어깨가 쫙 벌어진 모습에 놀란다. 뚱뚱했던 사람은 언제 그랬냐는 듯이, 군더더기 없는 몸이 돼서 나온다. 건강하고 보기 좋게 말이다. 성격이나 말투도 그렇다. 수줍고 소심했던 사람이 당당하게 의견을 말하기도 하고, 말 많고 까불던 사람이 점잖아지기도 한다. 그런 모습을 보면, 낯선 사람처럼 느껴질 때도 있지만, 더 좋아 보인다. 안타깝게도, 정반대로 변한 사람도 있지만 말이다.

반대인 경우도 있다.

이렇게 많이 변하는 사람이 있는가 하면, 전혀 달라지지 않은 모습을 보기도 한다. 그러면 보통 이렇게 말한다. "군대 다녀온 거 맞냐?" 사실 필자도 이 얘기를 자주 들었다. 어쩌면 필자가 해병대를 나와서 더 그랬는지도 모르겠다. 어차피 가는 군대, 끌려가지 말고 내 발로 가자는 신념으로, 자원입대했고 무사히 잘 지내다 제대했다. 백령도라는 낯선 곳에서 근무했는데, 참 많은 추억(?)이 떠오른다. 워낙 내성적이고 거칠지 못한 성격이라 부모님을 비롯한 주변 사람들이 많이 걱정했다. 좋지 않게 변해서 온 지인의 모습을 보기도 했고, 소문으로 들은 이야기도 그리 좋은 모습은 아니었기 때문이다. 그렇게 변할까 우려가 됐던 거다.

그래서 결심했다.

절대 사람들이 우려하는 모습으로 변하지 않겠다고. 그렇게 2년 2

개월의 시간을 보냈고, 달라진 건 체격 말고는, 변한 게 거의 없었다. 필자가 느끼기에도 그랬고 앞서 언급했듯이, 군대 다녀온 거 맞냐는, 좋은 소린지 나쁜 소린지 헷갈리는 말도 많이 들었다. 직접적으로도, 변한 게 없다며 신기해한 친구도 더러 있었다. 그래서 이때 깨달은 게 있다. 주변 환경에 따라 사람이 달라질 수도 있는 거지, 달라진다고 단정 지을 순 없다는 사실이다. 2년이라는 시간보다 더 오랜 시간을 보내면 모르겠다. 그때는 사람이 환경을 거스를 수 없는 지경까지 이를 수도 있으니 말이다. 세상에 깜짝 놀랄 만한 사건 사고도 가만 보면, 주변 환경에 영향받은 사례가 많다.

사람이 환경에 영향을 받는 건, 엄연한 사실이다.

내가 오른쪽으로 가겠다고 할 때 주변 사람 모두가 왼쪽으로 간다고 하면, 한두 번은 내 생각대로 움직일 수 있다. 하지만 이런 상황이 계속 반복되면 어떻게 될까? '내가 잘못하고 있는 거 아냐?'라는 생각이 들 수도 있지 않을까? 자신만 다른 선택을 하니까 말이다. 외롭다는 느낌도 흔들림에, 한몫한다. 옳고 그름을 떠나 외롭다는 생각은, 모든 것을 내던지고 싶을 만큼 힘들 수 있다. 학교에서 친구들과 어울리기 위해, 자기가 옳지 않다고 생각하는 말과 행동을 하는 아이들이 있다고 한다. 어울리기 위해서 어쩔 수 없이 선택하는 거다. 이걸 선택이라고 표현해야 할지도 모르겠지만 말이다. 그렇지 않은 다른 친구를 사귀면 되는 거 아니냐고 반문할 수도 있다. 하지만, 선택지가 없다면 어떨까? 쉽게 판단할 순, 없는 부분이다.

그렇다고 정당화될 순 없다.

주변 환경이 그래서 어쩔 수 없이 선택했다고 말할 수는 있지만, 그렇다고 정당화될 수는 없다는 말이다. 그러면 뉴스에 나오는 많은, 어쩔 수 없는 선택을 한 사람은 어떻게 되겠는가? 다 이해하고 넘어갈 순 없는 일이다. 그로 인해 다른 누군가는 큰 피해를 보았기 때문이다. 내가 어디로 가야 할지는, 내가 선택해야 한다. 다양한 선택의 갈림길에 섰을 때, 많은 사람이 가는 방향이 아니라, 내가 옳다고 생각하는 방향을 선택할 용기가 필요하다. 쉽진 않겠지만, 그 길의 끝에 내가 원하는 곳이 있다는 것을 명심해야 한다. 당장은 아니더라도 그 방향을 향해서 서고, 그곳으로 가도록 마음을 보내야 한다. 그래야 몸도 따라간다. 방향을 매일 잘 살펴야 하는 이유다.

🌟 셀프 코칭 ┄┄

내가 현재 바라보고 가는 방향이 진정 원하는 방향인가? 아니라면, 언제 방향을 돌릴 것인가?

마음에 산장 만들기

눈보라가 몰아치는 산 중턱.

한 치 앞을 볼 수 없을 정도로 눈발이 휘날린다. 바람의 세기는, 발걸음을 떼기가 어려울 정도다. 그야말로 최악의 기상 상태다. 깜깜한 밤, 어딘가에서 희미한 불빛이 새어 나온다. 산장에서 나오는, 누런 불빛이다. 산장 안에는 장작으로 때는 난로가 있고, 그 위에는 주전자가 놓여 있다. 이미 다 끓은 듯 주전자에서는 기차 연통에서 연기가 뿜어져 나오듯, 김이 뿜어져 나오고 있다. 흔들거리는 의자 위에는 하얀 수염이 더부룩하게 난, 노인이 편안하게 기대어 앉아 있다. 두 손에는 따뜻한 차가 담긴 머그잔이 들려 있다. 멍하니 장작을 바라보다, 머그잔을 입으로 가져와 호호 불며 한 모금씩 들이켜고 있다. 방 안에는 훈훈한 기운 이외에, 잔잔한 음악도 흐르고 있다. 너무도 고요하고 평화로워 보인다.

영화의 한 장면을 그려봤다.

물론 제목도 내용도 기억나지 않는 장면이다. 여기서 중요한 건, 사실적 묘사가 아니라, 상황이다. 바깥 상황은 매우 좋지 않다. 사람이 어찌할 수 없을 만큼, 눈보라가 거세게 일고 있다. 이것을 잠재울 수 있는 사람은 아무도 없다. 언제 잠잠해질지 아는 사람도 없다. 하지만 산장 안은 어떠한가? 매우 고요하다. 평화롭다는 표현을 썼을 만큼 아늑하다. 그 안에서는 내 의지대로 불을 땔 수도 있고 따뜻한 차를 한 잔 마실 수도 있다. 출출하면 라면을 끓여 먹을 수도 있고, 흔들의자에 기대어 잠을 청할 수도 있다. 어찌할 수 없는 바깥세상과는 전혀 다르게, 의지대로 할 수 있다는 말이다.

평화도 그렇다.

평화에 대한 정의가 참 많이 있다. 최근에 들은 정의에 의하면, 평화를 단순히 고요한 상태로 명명하진 않는다. 예전에는 그렇게 생각하는 사람이 더러 있었다. 시끄럽지 않고 고요하기만 하면, 평화로운 상태라고 했다. 하지만 평화를 그렇게 단정해서는 곤란하다. 한집에 살면서 대화 없이 각자 생활만 하는 가정을, 평화로운 가정이라고 말할 순 없기 때문이다. 서로 부대끼면서 큰소리가 나고 감정이 틀어지는 상황이 벌어져도, 대화하고 화해하면서 하나가 되는 가정을 평화롭다고 말할 수 있다. 부대낀다는 건 함께한다는 방증이다. 함께하니 당연히 부대낌이 생길 수밖에 없다. 부대끼는 건, 모든 가정이 같다. 중요한 건, 이 부대낌을, 얼마나 이른 시간에 어떤 방법으로 해결하느냐가 가정 분위기를 결정한다.

개인의 평화는 어떨까?

주변은 항상 시끄러울 수밖에 없다. 내 의지와 상관없이 혹은 내 의지의 반대 방향으로 돌아가는 게 주변 상황이다. 안 좋은 일이 쓰나미처럼 밀려올 때는 격하게 아무것도 안 하고 싶기도 하다. 그냥 두 손두 발 들고 "너희들 맘대로 해봐!"라고 소리치고 싶기도 하다. 하지만그럴 수가 있는가? 없다. 생계가 걸려 있기도 하고 이런저런 이유로, 마음을 삭여야 한다. 그럼, 무조건 마음을 삭이면서 계속 살아야 할까? 불만에 가득 찬 마음으로 불편하게 살아야 할까? 뭐, 하루 이틀은그럴 수 있다. 하지만 평생을 그렇게 살아야 한다면? 상상만 해도 끔찍하다.

"그럼 어쩌라고?"

이렇게 물을 수 있다. 사실 필자도 항상 평화로운 상태로 사는 건 아니니 말이다. 필자뿐이겠는가? 성인(聖人)이라 불리는 분들도 그러지않았을까 싶다. 하지만 작은 힌트 하나를 발견했다. 앞에서 언급한 산장의 풍경을 통해서 말이다. 바깥 상황은 내가 어찌할 수 없는 영역이다. 하지만 산장 안은 내가 어찌할 수 있는 영역이다. 전자가 주변 상황이라면, 후자는 내 마음이라 할 수 있다. 아무리 눈보라가 몰아치더라도 평화롭게 있는 방법은, 바깥으로 나가지 않고 산장 안에 머무는거다. 뭐라도 해보겠다고 바깥으로 나가면 어떻겠는가? 얼마 지나지않아 후회하게 된다. 이때는 산장 안에 가만히 머무는 게 최선이다.

산장은 내가 만든 나만의 공간이다.

비바람이 불거나 눈보라가 쳐도 나를 보호할 수 있는 공간이라는 말이다. 인내라는 나무를 곁에 대고 용기라는 지붕을 씌운다. 바깥 상황을 볼 수 있는, 공감이라는 창도 단다. 한 번에 튼튼하게 지으면 좋겠지만, 쉽진 않다. 때로는 나무가 부서지기도 하고 지붕 한쪽이 벗겨지기도 한다. 창문이 흔들리거나 깨질 때도 있다. 그래도 보완하면서 점차 튼튼한 산장을 만들어야 한다. 그렇게 잘 만들어진 산장은, 웬만한 비바람이나 눈보라에는 끄떡없게 된다. 마음에 어떤 산장이 있는가? 조금만 바람이 불어도 날아갈 듯한가? 아니면 어지간한 상황에는 끄덕하지 않는가? 지금, 잘 점검하고 보완해야 할 것은 무엇인지 살펴야 한다.

셀프 코칭

외적 상황이 몰아쳐서도 고요하게 있을 수 있는 나만의 산장은 어떠한가?

부당함에 침묵하지 않을
용기를 청하며

침묵은 매우 유용한 도구다.

보이지 않는다고 없는 것이 아닌 것처럼, 말하지 않는다고 의견이 없는 건 아니다. 그 의견을 자신의 입을 통해 내뱉는 것보다, 안으로 삼키는 것이 더 좋은 결과를 가져온다는 판단에서 그렇게 한다. 무엇이든 100% 옳고 그른 것이 없듯, 침묵도 마찬가지다. 무조건 침묵하는 게 옳은 건 아니다. 때로는 침묵보다 의견을 명확하게 이야기할 필요가 있다.

부당함과 마주 섰을 때다.

"부당함에 침묵하지 않을 용기를 청하며"라는 문장을 마음에 간직하고 있다. 부당함이라 느껴지는 상황 앞에서 마음속으로 되뇐다. 그렇게 용기를 내서 침묵을 깬 적도 있지만, 그렇지 못하고 마음으로만 되뇐 적도 있다. 상대가 너무 크게 느껴져, 두려운 마음에 용기를 내지 못했다. 그럴싸한 변명을 조금 더 보태자면, 주변 사람들까지 피해를 줄 수도 있다는 생각도 있었다. 강자 앞에서만 그랬던 건 아니다. 약자 앞에서 침묵했던 횟수가 더 많다.

약자이기 때문에 용기를 내지 못했다.

무슨 소린가 싶을 거다. 약자인데 왜? 약자이기 때문에 그렇다. 너무 약해서 혹 내 한마디에 상처를 받거나 무너질 수 있다는 생각 때문이다. 약자라고 해서 항상 편을 들어줄 수 있는 건 아니다. 말도 안 되는 트집을 잡고, 정해진 약속에 무책임한 사람도 있다. 합의해서 정한 일정에 자기가 해야 할 역할은 하지 않는다. 하지만 어이없게도 그 책임을 타인에게 떠넘긴다. 이 정도면 침묵으로 인내하는 것에도 한계를 느끼게 된다. 이럴 때는 어떻게 해야 할까?

무엇을 잘못했는지 명확하게 알려 줄 필요가 있다.

자신이 무엇을 잘못했는지 모르기 때문이다. 왜 아이들도 그렇지 않은가? 애가 뭘 아냐며, 무조건 오냐오냐해 주면 자기가 잘하고 있는 줄 착각한다. 자기 잘못을 남 탓으로 돌리는 것도 당연하게 받아들인다. 어른들이 손주 사랑에 했던 말과 행동이, 오히려 아이에게 악영향을 준다는 이야기가 있어 소개한다. 아이를 위한 것인 줄 알았지만, 아이의 무의식 속에 어떤 생각이 자리 잡게 했는지 안다면, 소름이 돋을지도 모른다.

아이가 달려가다 문지방에 걸려 넘어진다.

요즘은 문지방을 없앤 집이 많아 그럴 일이 거의 없겠지만, 예전에는 이런 일이 종종 있었다. 그러면 우리 어른들이 어떻게 하는가? "그러게, 조심 좀 하지!"라며 손주에게 조심하라고 충고했을까? 아니다. 울고 있는 아이를 무릎에 앉히고 문지방을 손으로 치며 이렇게 말했다. "에이 나쁜 문지방. 너 때문에 우리 애기가 넘어졌잖아!" 그리고 아이를 달랜다. 문지방을 혼냈으니, 울음을 그치라고. 당연하게 생각했다. 아이가 울고 있으니. 하지만 그게 아니다. 사실 누가 잘못했는가? 원래 그렇게 있던 문지방이 잘못했는가? 주위를 살피지 않고 달려가다 넘어진 아이가 잘못했는가?

아이가 잘못했다.

누가 뭐래도 명백한 사실이다. 하지만 아이는 어른들이 문지방을 혼내고 자신을 달래는 모습을 보면서, 무의식적으로 자기 잘못을 남 탓으로 돌리는 것에 익숙해진다고 한다. 아이를 달래기 위해 했던 말과 행동이었는데, 아이에게 그런 생각을 심어준다고 한다. 우리나라 사람들이 남 탓을 잘하는 이유가, 이런 조기교육(?)에서 비롯됐다는 말을 농담 반 진담 반으로 하기도 한다.

잘못된 부분은 명확하게 알려줘야 한다.

그렇지 않으면 자기가 무슨 잘못을 하고 있는지 모른다. 다시는 보지 않으면 된다는 생각으로 그냥 넘길 수도 있지만, 정말 위하는 것이 무엇인지 생각하면 이야기해 줘야 한다. 그렇지 않으면 자기가 피해자라는 착각 속에서 남 탓만 하고 있을 게 분명하다. 누군가 얘기해 주지 않으면 그것이 맞는다고 생각하고 다음에 또 다른 누군가에게 그렇게 책임을 떠안길 수 있다. 만약 상대방이 더 약한 사람이라면, 너무 큰 상처를 입을 가능성이 크다. 착각의 브레이크를 스스로 밟지 못한다면, 누군가 밟아줄 필요가 있다. 더는 피해자가 나오지 않도록 말이다.

셀프 코칭

나는 부당한 모습에 어떤 태도를 보이는가? 그 태도가 부당함에 어떤 영향을 주었는가?

역할에 충실해야 하는 이유

역할을 맡았다는 건 어떤 의미일까?

세상에는 두 가지 일이 있다고 생각한다. '해야 할 일'과 '하고 싶은 일'이다. 역할을 맡았다는 것은, 하고 싶은 일이 아닌, 해야 할 일에 집중하라는 의미다. 해야 할 일과 하고 싶은 일이 일치되는 것만큼 행복한 것도 없겠지만, 모든 일이 그렇진 않다. 하고 싶은 일을 직업으로 선택해도, 그 안에서 벌어지는 일 중에는 하고 싶지 않은 일도 분명히 있다. 어쩌면 모든 일이 다 그럴 거다. 모든 부분을 다 만족하면서 할 순 없는 노릇이다. 그렇다고, 하고 싶은 일만 골라서 할 수도 없다. 맡겨진 역할이 있으니, 하고 싶지 않아도 해야 할 일은 해야 한다. 그것이 책임이기 때문이다.

해야 할 일을 하지 않은, 부끄러운 일 하나가 떠오른다.

10년도 넘은 일인데 아직도 부끄러운 마음이 가시질 않는다. 그때 필자의 마음과 행동이 너무 비겁했기 때문이다. 그로 인해 별 상관없는, 그 역할을 하지 않아도 되는, 누군가가 매우 힘든 시간을 보내야 했다. 일이 발생하고 시간이 좀 지난 후에, 상대방에게 이 부분에 대해 말하고 미안한 마음을 표현하기는 했다. 그래도 부끄러운 마음이 완전히 씻기진 않았다. 그 마음의 빛을 갚기 위해 다른 상황에서, 그때 하지 못한 역할을 하려고 노력하고 있다.

학회 행사 때, 벌어진 일이다.

처음 진행하는 학회여서 이것저것 준비할 게 많았다. 이에 더해, 참석인원이 2천 명 정도 되는 매우 큰 규모의 행사였다. 호텔 연회장 전체를 빌렸고 많은 진행요원이 투입되었다. 그 행사 준비를 위해 몇 달을 고생했고, 행사 임박하고 며칠은 잠도 제대로 자지 못했다. 행사 이틀 전부터는 거의 꼬박 새웠다고 봐도 과언이 아니다. 잠이 많은 내가 말이다. 행사 전날 세팅은, 행사 당일 새벽 5시까지 진행되었다. 2시간도 채 자지 못하고 나와서 행사를 치러야만 했다. 몸과 마음이 온전하지 않은 상태인 것만은 분명했다. 아! 합리화를 위해 밑밥을 까는 건 아니다. 그 시기를 생각하니 하나둘 떠오르는 기억으로, 잠시 추억(?)에 젖었다.

필자는 행사 총괄을 맡았다.

메인 행사장인 2층과 3층을 계속 오르락내리락했고, 30층 이상에서 진행되는 소규모 미팅도 수시로 확인했다. 등록 데스크와 각 연회

장에 긴 줄이 늘어서긴 했지만, 이는 물리적으로 어찌할 수 없는 부분
이었다. 오래 기다린 사람 빼고는, 누구나 이해할 수 있는 상황이었다.
그렇게 정신없는 오전 시간을 보내고 오후가 되었다. 행사장 전체가,
조금씩 안정을 찾아가기 시작했다. 이런 대규모 행사에는 알바를 많
이 투입한다. 아무리 설명을 해줘도 실제 겪어보지 않았으니, 업무가
서툰 건 사실이다. 많은 사람까지 몰려드니 더 정신없었을 텐데, 시간
이 약이라는 말처럼, 업무가 익숙해져 보였다. 표정도 그랬다. 오전에
보였던 긴장된 모습은 사라졌고, 약간의 여유까지 느껴졌다.

이제 한숨 돌리나 싶었다.
하지만 상황은, 그럴 시간과 마음을 허락하지 않았다. 참석자들에
게 인증서 같은 것을 출력해 줘야 했다. 사전에 출력한 사람은 나눠주
면 되지만, 현장에서 출력을 요구하는 사람은 바로 출력해 줘야 했다.
하지만 그 사람이 수십 명이 아니었다. 수백 명이었다. 프린트돼서 나
오는 시간도 필요했고, 많은 양을 출력하니 프린터에 과부하가 걸리
기도 했다. 출력하는 시간은 점점 늘어나고, 줄도 그와 발맞춰서, 점점
더 늘어갔다. 심지어 호텔 일반 고객들이 이동하는 통로까지 막는 상
황이 벌어졌다. 다시 오전과 같은 혼잡함이 연출되었다.

앞서 말했듯, 몸과 마음은 이미 지칠 대로 지쳐 있었다.
다시 아수라장이 된 모습을 보는데, 더는 어찌할 기운이 나질 않았

다. 그렇게 필자는 다른 볼일을 보러 발걸음을 돌렸다. 어떻게 됐을까? 그곳 역시 알바들이 많았는데, 업무 지원을 나온 다른 부서 직원이 매우 애를 먹었다. 심지어 펑펑 울었다는 얘기도 들었다. 어찌어찌해서 수습은 됐지만, 필자의 마음은 수습이 되질 않았다. 너무 미안했고 너무 잘못했다는 생각이 떠나질 않았다. 그 마음을 바로 전달할 용기가 나질 않았다. 그래서 시간이 좀 지나고 이야기했다. 적극적으로 해결하기 위해 노력하지 않은 부분에 대한 잘못과 곤란한 상황에서 도움을 주지 못한 것에 대한 미안함을 전했다.

"내가 역할을 하지 않으면, 누군가가 그것을 감당해야 한다."

뼈저리게 깨닫게 된 사건(?)이다. 많은 생각을 했다. 반성도 했고 역할의 중요성에 대해서도 생각했다. 특히, 리더의 역할에 대해 많이 생각했다. 필자가 그 행사의 리더였는데, 준비하고 진행하는 데는 크게 무리 없이 역할을 소화했다. 하지만 문제가 발생했을 때, 그 문제를 해결하기 위해 적극적으로 뛰어들지 않았다. 그로 인해 누군가가, 그 힘든 무게의 짐을 고스란히 떠안아야 했다. 리더가 자기 역할을 온전히 떠안지 않으면, 다른 누군가가 그 짐을 떠안아야 한다. 짐을 떠안은 누군가는, 어느 순간 그 리더의 곁을 떠날 수 있다. 해야 할 역할을 무겁게 여겨야 하는 이유다.

셀프 코칭

내가 해야 할 일을, 어떻게 충실히 하고 있는가?

힘든 마음을 달래는, 마음가짐

마음이 힘든 이유 중 하나는, 받아들이지 못함에서 온다.

세월이 흐르고 나이가 들어감에 따라, 받아들여야 할 것이 생긴다. 기억력이 약해지는 게, 그것이다. 기억이 가물가물하거나 물건을 엉뚱한 데 놓을 때가 있다. 냉장고에 핸드폰이나 리모컨을 넣었다는 이야기도 듣는다. 어떤 분은 싱크대 선반에 반찬을 넣었다고 한다. 냉장고로 착각했다는 말이다. 아이들 운동회에서 달리기하는 엄마들이 앞으로 넘어지는 경우를 종종 본다. 앞으로 넘어지는 이유가, 마음은 이미 저 앞에 있지만, 몸이 따라주지 않아서 생기는 현상이라고 한다. 젊었을 때 잘 달리던 기억은 있지만, 이미 몸은 그 기억을 따라가기에 무리가 있다. 이렇듯 나이가 들어감에 따라오는 정신적 육체적 현상이 있는데, 이는 그냥 받아들일 필요가 있다.

"원래 안 그랬는데!"

받아들이기 어려운 분들이 하는 말이다. 원래는 기억도 잘하고 물건을 잃어버리는 실수 같은 건 하지 않았는데, 지금 그러고 있으니 답답할 노릇이다. 기억도 잘하지 못하고 물건을 잃어버리는 사람을 보면 칠칠하지 못하다고 뭐라 했는데, 자신이 그러고 있으니 어떻겠는가? 마음이 매우 힘들 거다. 잘 뛰어다니던 사람이 다쳐서 제대로 걷지 못할 때도 그렇다. 정말 별거 아니었던 행동인데, 가까스로 하는 자신이 매우 초라하게 느껴지게 된다. 직접 보진 못했지만, 영화나 드라마에서 보면 그렇다. 이 또한 지금의 현실을 받아들이지 못함에서 온다.

받아들이지 못함은 어디에서 올까?

의지로 할 수 있던 것을 하지 못할 때, 그 현실을 부정하고 싶을 때 온다. 자기 의지로 뭐든 다 할 수 있다고 생각하는 시절이 있다. 나이로 치면 젊을 때가 그렇고, 몸으로 치면 건강할 때가 그렇다. 하지만 세월이 흐르거나 몸을 다치게 되면, 의지와는 다른 행동을 할 수밖에 없게 된다. 그런 현실을 받아들이고 인정해야 하는데 쉽게 되지 않는다. 그래서 마음이 힘들어진다. 능동적인 삶을 살았던 사람은, 그 충격이 더 크게 온다. 더 인정하고 싶지 않고 받아들이고 싶지 않기 때문이다. 자신이 자부하고 있던 부분을 놓기란, 사실 쉽지 않다.

믿고 싶지 않지만, 받아들여야 할 것이 있다.

앞서 언급한 이야기들이 여기에 해당한다고 볼 수 있다. 이와는 다르게, 믿기진 않지만 받아들여야 할 것도 있다. 머리로는 이해하기 어렵지만, 받아들여야 하는 것이 있다는 말이다. 내가 선택할 수 없는 것이 그렇고, 사람의 이성(理性)을 뛰어넘는 현실이 그렇다. 내가 선택할 수 없는 첫 번째는 뭘까? 부모님이다. 내가 세상에 태어난 건, 내 의지가 아니다. 나의 부모님을 만난 것이 내 선택은 아니라는 말이다. 그렇다고 세상에 태어난 것을 단지 우연으로 밀어 넣어야 할까?

받아들여야 할 건, 받아들여야 한다.

내가 선택할 수 없거나 의지로 바꿀 수 없는 건 받아들여야 한다. 이것이 수동적인 삶이라 오해해서는 곤란하다. 수동적인 삶은 내가 선택할 수 있고 의지로 바꿀 수 있는 것을 그렇게 하지 않는 것이지, 모든 것에 적용하는 건 아니다. 너무 주도적인 삶을 살아왔거나 살고자 하는 사람들은, 선택할 수 없고 의지로 바꿀 수 없는 것까지 그렇게 하려고 한다. 그러니 마음이 힘들고 몸까지 힘들어진다. 주도적인 삶과 받아들이는 삶을 잘 구별할 때, 우리 삶의 질도 더 좋아진다. 여기서 떠오르는 기도문 하나가 있어 소개한다. 지혜로운 삶을 나아가는 데, 도움이 되길 바란다.

> "주님! 어찌할 수 있는 일은 최선을 다하게 해주시고,
> 어찌할 수 없는 일은 포기할 줄 아는 용기를 주소서.
> 그리고 이 둘을 분별할 수 있는 지혜도 함께 주소서."

셀프 코칭

어찌할 수 있는 일은 무엇이고 어찌할 수 없는 일은 무엇인가? 그 둘을 구별하는 지혜를 가지고 있는가?

지금 나에게 벌어진 상황이
어떤 의미일까?

'말하는 대로'

많이 들었던 노래 제목이다. 일이 잘 풀리지 않거나 간절히 원하는
것이 있을 때, 되뇌기도 한다. "생각하는 대로 말하는 대로 됐으면 좋
겠다!" 지금이라고 모든 게 잘 풀리고 그러는 건 아니지만, 정말 안 풀
린다고 생각됐던 시절이 있었다. 지금 돌이켜 보면, 그때를 어떻게 버
텼는지 신기할 따름이다. 주변에서 함께해 주고 도와준 분들이 있었고,
신앙의 힘이 있었기에 가능했다고 말할 수 있다. 지금보다 젊은 시절로
돌아가기를 원한다는 사람의 말을 들으면, 손사래 치는 이유가 이것이
다. 절대 다시 돌아가고 싶지 않다고 말이다. 지금, 현재가 좋다.

정말 안 풀렸다.

글에 적은 적도 있고, 《완벽한 하루》 출간 후 강연에서도 언급한 이
야기가 있다. 인생에서 가장 중요하다고 생각하는 3가지 지점에 관한

이야기다. 결혼과 직업 그리고 직장 이 모든 결정과 선택이, 계획과는 다른 방향으로 흘렀다. 계획보다 이른 시점에 결혼하게 됐다. 다른 이유는 아니고, 부모님들이 처음 만난 식사 자리에서 날을 잡으셨다. 결혼을 약속하긴 했지만, 우리가 계획한 시점보다 1~2년 정도 빨랐다.

　우린 둘 다 어린 나이였다.

　돌이켜 생각해 보니, 그때는 현실에 대한 두려움이나 걱정이 없었다. 전혀 몰랐고 예상할 수 없었으니까. 그래서 덤덤하게 받아들일 수 있었다. 하지만 결혼은 현실이라고 했던가? 결혼뿐만 아니라 새로 접하는 모든 것에서 현실의 벽에 부딪혔지만, 결혼생활은 더 크고 높게 느껴졌다. 필자 혼자 어찌할 수 있는 게 아니기 때문이다. 그래서 가정이라는 가장 작은 공동체를 꾸려나가는 것은, 정말 중요하고 어려운 일이다.

　직업과 직장도 그랬다.

　원했던 직업을 선택하기에는 시간과 여건이 허락하지 않았다. 그렇게 우여곡절 끝에 직장에 들어가서 30대의 전부라고 할 만큼의 시간과 노력을 쏟아부었다. 하지만 본의 아니게 나오게 되었다. 아니, 쫓겨나게 되었다. 그때는 이미 아이가 셋이었는데. 막막한 마음도 들었고, 이게 뭔가 싶었다. 한동안은 너무 분하고 억울한 마음뿐이었지만, 시간이 지나면서 다른 마음도 생겼다. 아무런 역량이 없던 나에게 일할

수 있는 자리를 마련해 준 것과 그 일로 먹고사는 힘을 키우게 해준 것
은 고맙다는 마음이 들었다.

많은 시련과 어려움이 있었다.

상상할 수 없을 만큼의 시련과 어려움을 이겨내신 분 앞에서는 명
함도 못 내밀지만, 나름 치열하게 살아왔다. 힘들게 지내온 여파가 아
직 남아 있고 해결해야 하지만, 후회하지는 않는다. 어려운 고개를 넘
어서고 나서는, 시간이 흐를수록 오히려 다행이라는 생각이 든다. 그
러면서 이런 생각도 든다.

인생은 육교와 지하도를 선택하는 것이라고.

육교는 처음에는 올라간다. 그리고 평평한 길을 걷고 내려온다. 지
하도는 처음에는 내려간다. 그리고 평평한 길을 걷고 올라간다. 누구
나 다 아는 사실이다. 시작하는 지점과 끝나는 지점은 같다. 누구나 태
어나고 죽는 건 같다는 말이다. 다만 그 과정이 다를 뿐이다. 육교는
처음은 힘들지만, 나중에는 편해진다. 지하도는 처음에는 편하지만,
나중에는 힘들어진다.

필자는 육교를 택한 거다.

또래 친구들이 자신이 원하는 것을 하면서 시간을 보낼 때, 필자는
아내와 치열하게 해야 할 것으로 시간을 보내며 살았다. 그런 비교가,

그때 당시 삶의 아픔을 더 후벼팠다. 하지만 아이들이 어느 정도 컸을 때, 우리가 부러워하던 친구들이 우리를 부러워하기 시작했다. 그들이 해야 할 것을 해야 할 시간에, 우리는 원하는 것을 조금씩 하면서 시간을 보낼 수 있게 되었기 때문이다. 언젠가는 "아이고, 힘들겠다!"라며 위로해 준 적도 있다.

"내가 말하는 대로 됐다면?"

가끔 이 질문을 나 자신에게 던진다. 생각하고 말하는 대로 됐다면, 지금처럼 온전하게(?) 살아가고 있을까? 아닐 수도 있겠다는 생각이 든다. 조금이라도 젊었을 때 오르막길을 걸었던 건 다행이다. 지금, 내려가는 편한 길을 걷고 있는 건 아니지만, 힘들게 올라갔던 시간으로 성장했다는 건 분명하다. 가장 중요한 건, 시선이 달라졌다는 사실이다.

필자가 원하는 결과로 이루어지지 않았을 때, 스스로 이렇게 묻는다. "이 결과의 의미는 무엇일까?" 당장은 힘들고 황당하기도 하지만, 마음을 추스르고 이렇게 묻는다. 그러면 그 의미를 찾게 된다. 오래지 않아 찾기도 하지만, 오랜 시간이 걸릴 때도 있다. 직장에서 본의 아니게 나올 때도 그랬다. 몇 년이 지나서야 그 의미를 깨달았다. 지금 자신이 원하는 결과가 나오지 않는다고 실망스러운가? 그럼, 잠시 그 의미를 생각해 보자. "지금, 이 상황이 나에게 어떤 의미가 있을까?" 자신에게 물어보자. 의미를 찾을 때까지 묻고 또 묻자. 그렇게 의미를 찾으면, 그 상황이 다르게 보인다. 어쩌면, 생각지도 못한 새로운 기회의 길일 수도 있다.

지금 원하는 방향으로 흐르지 않고 있는가? 나에게 필요한. 그 의미가 무엇일까?

내 어둠의 끝은 어디일까?

'전설의 고향'

어릴 때 숨죽이며 봤던 드라마다. 드라마의 시작을 알리는, 시작 화면은 그 자체로 스산했다. 모든 내용에 귀신이나 저승사자가 나오는 건 아니었는데, 분위기가 그랬다. 30년도 넘었지만, 가끔 떠오르는 내용 혹은 장면이 있다. 그만큼 강렬했다는 의미다. 강렬했던 이유는 너무 무서운 내용이라 그런 것도 있지만, 어린 나이에도 감동이라는 걸 느꼈기 때문이다. 그중, 가장 기억에 남는 이야기가 있다. 세세한 부분까지는 정확하지 않을 수 있지만, 그 내용만큼은 틀림없다.

노환으로 아픈 어머니를 모시고 사는 한 아들이 있었다.

외딴곳 허름한 초가집에서 살고 있을 만큼 형편이 어려웠다. 어려운 형편에도 아픈 어머니를 돌보는 데는 정성을 다했다. 산에 올라 약초를 캐고 병에 좋다는 건 찾아다니며 구할 정도로, 지극정성으로 간호를 했다. 하지만 어머니의 병세는 나아질 기미를 보이지 않고, 더 악화했다. 아들은 이런 상황을 너무 안타까워하며 노심초사하였다.

간절한 마음이 하늘에 닿았던 걸까?

하루는 꿈에 산신령이 나타나 어머니의 병을 낫게 하는 방법을 알려 주었다. 하지만 쉽지 않은 방법이었다. 산속 깊은 곳 어딘가를 가면 무덤이 있는데, 그 무덤을 파고 묻혀 있는 뼈를 달여서 어머니에게 드려야 했기 때문이다. 그것도 한밤중에 가야 했다. 아들은 고민에 빠졌다. 한밤중에 가야 한다는 무서움도 있었지만, 누군가의 무덤을 파야 한다는 게 꺼림칙했다. 거기다 그 뼈를 가져와 달여야 한다니 말도 안 되는 일이라 생각했다.

아들에게는 선택의 여지가 없었다.

그걸 하지 않으면 어머니가 어떻게 될지 모르기 때문이다. 망설임에 마침표를 찍어준 건, 어머니의 모습이었다. 아파 신음하는 어머니를 그냥 두고 볼 수는 없었다. 그렇게 아들은 한밤중에 산신령이 알려준 곳으로 갔다. 말대로 무덤이 있었다. 두려움과 망설임이 잠시 교차했지만, 아들은 무덤을 파기 시작했고 그 안에 있던 뼈를 가지고 내려왔다. 집으로 돌아왔지만, 마음이 진정되지 않았다. 하지만 그렇게 있을 수만은 없었다.

뼈를 정성스레 달였다.

누워 있는 어머니를 부축해서 조금씩 입에 넣어드렸다. 그렇게 계속 어머니께 드렸다. 그랬더니 어머니가 기력을 회복하고 자리에서 일어나게 되었다. 기적 같은 일이 일어난 거다. 기쁨도 잠시, 아들은 죄책감에 빠져들었다. 누군가의 무덤을 파헤치고 그 뼈를 가지고 온 게 너무 마음에 걸렸다. 그렇게 몇 날 며칠을 고민하다, 그 무덤을 찾아가기로 마음먹었다. 속죄하고 싶었기 때문이었다.

한낮에 아들은 무덤을 찾아갔다.

하지만 무덤은 보이지 않았다. 한밤중에 왔던 길이라 잘못 왔는지 자신의 기억을 되짚어 봤지만, 분명 그곳이 맞았다. 고개를 갸우뚱거리며 주변을 둘러보는데, 아들은 소스라치게 놀라고 말았다. 그곳은 다름 아닌, 산삼밭이었기 때문이다. 생전 처음 보는 굵직한 산삼들이 군데군데 있는 것이 보였다. 아들은 그때 깨달았다. 자신이 파헤친 건 무덤이 아니라 산삼밭이었고, 어머니에게 끓여드린 건 사람의 뼈가 아니라 산삼이었다는 사실을 말이다.

필자는 의문이 들었다.

그냥 산삼이 있으니 그걸 캐서 어머니에게 달여드리라고 하면 될 것을, 왜 굳이 무덤이라고 하고 사람의 뼈라고까지 했는지를 말이다. 사실을 알 순 없지만, 아들의 간절함과 믿음을 시험하려고 한 건 아닐까, 생각해 본다. 말도 안 되는 일이지만, 어머니를 사랑하는 마음이라면 충분히 해낼 테니 말이다. 아니면 간절하게 구했으니 더 값지게 그리고 감사하게 여기라는 의미였는지도 모르겠다. 어찌 되었든, 아들의 확신이 어머니를 살렸다고 해도 과언이 아니다.

어둠 속에서 헤맬 때, 빛의 기약은 알 수 없다.

그래서 어둠이 힘들다. 어둠의 터널을 지나서 그 끝에 빛이 있다는 확신이 있으면, 그 길은 어렵지 않을 거다. 결국, 빛을 보게 된다는 걸 아니까. 하지만 알 수 없으니, 어둠 안에 있는 1분이 1시간처럼 느껴진다. 확신은 그렇게 사람의 마음을 가볍게 만들기도 하고 무겁게 만들기도 한다. 내 마음이 무겁다면 확신이 없다는 방증이 된다. 간절하게 믿고 있는 것이 옳은 길이라면, 그 어떤 어둠의 길에서도 빛을 발견할 수 있으리라 믿는 마음이 필요하다. 확신이 결과를 만들어 주기 때문이다.

셀프 코칭 ....

지금 나의 어둠을 밝혀줄, 빛은 무엇인가?

두려움과 거리 두지 않기

뱀이 집에서 살고 있다면?

무슨 생뚱맞은 소리냐며 눈을 동그랗게 뜨고 따져 물을 수 있겠다. 필자가 뱀띠이긴 하지만 사실 좀, 아니 매우 징그럽다. 뱀을 실제로 처음 본 건, 정확하진 않지만 6~7살 때로 기억된다. 아니면 초등(그때는, 국민)학교 1학년이었을 수도 있다. 서울이지만 서울 같지 않은(?) 곳에 살았다. 하긴, 지금의 시선으로는 어디를 보더라도, 서울 같다고 말할 수 있는 곳은 없을 거다. 개울이 있었고, 개울 좌우로는 풀이 많이 나 있었다. 그 위는 흙으로 된 평지가 있었다. 거기서 처음, 뱀을 봤다.

비가 부슬부슬 오는 날이었다.

그때는 비가 와도 개의치 않고 밖에서 놀았다. 오히려, 뭐가 그리 좋았는지 더 신나게 놀았다. 친구들이랑 놀고 있는데, 동네 형들이 개울 근처에 모여 있는 것이 보였다. 무슨 일인지 궁금해서 슬금슬금 그곳으로 갔다. 빈틈을 비집고 고개를 이리저리 돌리며 살펴봤는데, 헐! 깜짝 놀랐다. 빨간 망 그러니까, 양파를 담았을 법한 망이 보였고, 그 안에 뱀과 개구리치곤 엄청 큰 황소개구리가 있었다. 매우 격렬하게 싸움을 하는 듯 보였다. 작은 공간에서 뱀은 매우 유연하게 움직였고 황소개구리는 좀 묵직하게 툭툭 튀어 올랐다.

당연히 뱀이 이길 것으로 생각했다.

하지만 황소개구리가 이겼다. 어린 나이였지만, 그 장면과 황소개구리가 승리한 건, 또렷하게 기억난다. 충격이었다. 뱀과 황소개구리의 싸움을 본 것도 충격이었지만, 개구리가 이기다니 말도 안 된다고 생각했다. 책에서 본, 약육강식의 피라미드 모양이 떠올라 더 그랬다. 분명 개구리는 뱀에게는 먹잇감이었는데, 어떻게 이런 일이 있을 수 있지? 그때의 충격(?)적인 장면은 아직도 선명하다.

뱀 이야기를 꺼냈더니, 어릴 때 추억이 떠올라 잠깐 소환했다.

처음 질문으로 돌아가 보자. 뱀이 집에서 살고 있다는 생각만으로도 소름이 돋기에, 충분하다. TV에서, 소름 돋는 사람을 봤다. 한 마리도 아니고 여러 마리의 뱀을 키우는데, 집 안이라는 배경만 지우면, 밀림이라고 해도 믿을 만큼 크고 많은 뱀이 온 집 안을 돌아다녔다. 쓱 지나가는 모습만 봐도 정말 오싹했다. 보는 것만으로도 인상이 찌푸려졌고, 억만금을 줘도 저렇게 살지는 못하겠다는 생각을 했었다. 또 다른 누군가는 도마뱀이나, 기타 징그럽기로는 둘째가라면 서러울 만한 동물을 키우고 있었다. 보기만 해도 "헐~" 혹은 "어휴~"라는 감탄사가 뛰어나올 만큼.

도대체 왜 저럴까, 생각했다.

예쁘고 귀여운 애완동물, 아니지 요즘은 반려동물이라고 해야 하나? 이런 동물을 키우면 되지, 왜 굳이 저럴까, 하는 생각이 들었다. 그러다 이런 의문이 들었다. '징그럽지 않은가? 그리고 안 무서운가? 어떻게 저럴 수 있지?' 지금도 이 의문이 드는 건 변함없다. 하지만 이런 생각이 들기는 하다. 왜 그런지, 조금을 알 것 같은 느낌? 맞는 이유라고 장담할 순 없지만, 전혀 아니라고 생각하진 않는다.

함께 있었기 때문이다.

처음부터 좋아서 함께 있었을 수도 있지만, 오랜 시간 함께 있다 보면, 나름 친근(?)하게 느껴질 수도 있겠다는 말이다. 가족의 인터뷰에서도 그런 말이 있었다. 처음에는 너무 징그러웠는데 같이 있다 보니 나름 지낼 만하다고. 익숙해졌다고 할까? 눈에 익으니, 당연하게 받아들이게 됐다고 봐야겠다. 그러고 보니 어릴 때 기억이 또 하나 소환된다. 6학년 때, 방학 숙제 이야기다. 그때는 과학자의 꿈을 가지고 있었다. 그래서 이런저런 실험을 했었다. 방학 숙제 중에 탐구 활동이 있었는데, 자기가 하고 싶은 주제를 정해서 자유롭게 탐구하고 결과를 제출하는 숙제였다. 의무가 아닌, 선택이었다.

과학도를 꿈꾸는 한 사람으로, 주제를 정했다.

그때도 역시 서울에 살았는데, 바퀴벌레가 엄청 많았다. 쓰레기통 주변도 그렇고 구석구석 참 많이도 다녔다. 그래서 주제를 바퀴벌레로 정했다. 기억나는 몇 가지 실험이 있다. 바퀴벌레가 1분 동안 이동하는 거리를 쟀다. 바퀴벌레가 이동하는 동선을 수성 사인펜으로 그었다. 그리고 그 위를 실로 똑같이 모양을 만들었다. 그 실의 길이를 재서 이동 거리를 작성했다. 어디에 가장 많이 살고 있는지 조사하기도 했다. 지금도 있는지 모르지만, 바닥에 놓는 끈끈이 같은 게 있었다. 바퀴벌레가 그곳을 지나가면 발이 붙어서 오도 가도 못하는 신세가 된다. 많이 봤던 곳에 그걸 놓고 하루 이틀 지나서, 붙어 있는 바퀴벌레 숫자를 세서 기록했다.

친구들은 얘기를 듣는 것만으로도 비위가 상했는지, 웩웩거렸다.

필자가 뱀을 징그러워하는 것처럼 말이다. 하지만 신기한 경험을 했다. 사실 필자도 바퀴벌레가 매우 싫었다. 그래도 호기심에 선택했는데, 바퀴벌레가 귀엽다는, 말도 안 되는 생각까지 하게 되었다. 관심을 가지고 지켜보고 오랜 시간 함께(?) 있으면서 익숙해졌다고 해야 하나? 아니면 정이 들었다고 해야 하나, 암튼 그런 생각이 들었다. 이 생각이 들었을 때는, 스스로 '미쳤나?'라는 생각을 했으니, 주변 사람은 오죽했을까.

두려움을 달리 볼 수 있던 이유가 뭘까?

두려움은, 징그럽다는 생각, 무섭다는 생각, 같이 있기 싫은 생각 등이 한 단어로 정리된 것이라 말할 수 있다. 두려움이 달리 보인 이유는, 함께 지내면서 친숙해졌기 때문이다. 그리고 부정적인 감정이 아닌 긍정적인 감정으로 바라봤기 때문이다. 인정하고 받아들였다는 말이다. 두려움이라고 표현한 다양한 감정들이 싫고, 떨치고 싶던 이유도 마찬가지가 아닐까? 거부하려 하고 멀리하려 했기 때문이다. 밀어내려고 할수록 그 느낌은 더 크고 더 강력하게 다가온다. 당장은 징그럽고 무섭고 같이 있기 싫지만, 인정하고 받아들이면서 긍정적인 감정을 넣으면 어떨까? 삶의 한 부분으로 받아들인다면 어떨까? 행복한 시간을 내 삶으로 받아들이듯, 힘든 시간도 내 삶으로 받아들이면 어떻겠냐는 말이다. 행복한 시간이든 힘든 시간이든, 모두 내 삶이기 때문이다. 함께 머물기를 인정하고 받아들이면, 두려움은 친밀감으로 변해 간다.

셀프 코칭

두려움을 대하는 나의 자세는 어떠한가? 어떤 자세가 필요한가?

망설이지 말고, 고민하기

"말을 물가까지 끌고 갈 수는 있으나 물을 먹게 할 수는 없다."

많이 알려진 속담이지만 군이 설명하자면, 내용은 이렇다. 말을 물가에 어떻게든 끌고 갈 수는 있지만, 물을 먹는 건 말의 몫이라는 의미다. 물론 말의 입을 강제로 벌려 먹일 수는 있다. 하지만 큰 어려움이 따른다. 몸싸움으로 자칫 물에 빠질 수도 있고, 물이 코나 눈에 들어가서 불편함을 줄 수도 있다. 중요한 건, 물을 마시는 건 말에게 도움을 주기 위함이지 말을 끌고 간 사람에게 득이 되는 건 아니라는 사실이다. 말을 부려서 무언가를 해야 한다면, 직간접적으로 얻는 게 있겠지만, 이 상황만 놓고 보면 말을 위해서라는 것은 명확하다.

말은 왜 물을 먹지 않을까?

말 주인이 말을 물가로 데리고 간 것은 말에게 물이 필요할 것이라는 예측 때문이다. 이 예측은 오랜 시간 말과 함께 지내면서 알게 된 상식일 수 있다. 오랜 시간 함께하지 않았더라도 어느 정도 이동하거나 활동을 했다면, 목마를 것이라고 예상할 수도 있다. 우리도 그렇지 않은가? 타인에게 물을 권하거나 식사 의향을 물어볼 때가 있다. 자신이 목이 말라서 권할 수도 있고, 배고파서 의향을 물어본 것일 수도 있다. 하지만 상대방이 필요할 것으로 예상했기 때문에 제안하는 거다.

필요할 것 같아 제안했는데 거절하면?

한두 번 더 제안할 수 있다. 상대방이 잘 모르거나 이해하지 못해서 그럴 수도 있기 때문이다. 그래서 좀 더 자세하게 그리고 왜 당신에게 필요할 것 같은지 설명한다. 또 다른 이유도 있다. 인사치레로 하는 사양일 수도 있기 때문이다. 한 번 권했는데 사양했다고 바로 거둬들이면 상대방이 오히려 더 황당할 수 있다. '이거 뭐야?'라면서 말이다. 친한 사이가 아니라면 대부분 처음에는 사양한다. 사양할 때 정말 괜찮다는 의사를 표시하는 것인지, 인사치레인지 잘 파악해야 한다. 그렇지 않으면 정말 눈치 없는 사람으로 찍히게 된다.

누군가에게 제안한다는 건 둘 중 하나다.

내가 득이 되거나 상대방에게 득이 된다는 판단 때문이다. 둘 다 득이 된다면 그거야말로 최고의 제안이라 할 수 있다. 상대방이 제안을 고민하는 것도 둘 중 하나다. 나에게 득이 된다고 말하지만, 제안하는 그 사람이 득이 되려고 하는 건 아닐까, 하는 의심 때문이다. 서로 신뢰가 두텁지 않으면 충분히 할 수 있는 생각이다. 왜, 지하철에 붙은 전단을 봐도 그렇다. 너무 좋은 투자라고 홍보하는데, 이걸 보면 드는 생각이 있다. '그렇게 좋으면 자신이나 친인척에게만 소개해서 득을 보지 왜 굳이?' 너무 삐딱한 생각인가? 아무튼.

다른 이유는 이렇다.

가보지 않은 길이라는 두려움 때문이다. 타인이 제안하는 내용은 보통, 내가 지금까지 걸어왔던 길이 아닐 가능성이 크다. 제안하는 사람이 나를 봤을 때, 지금까지 걸어온 길 말고 다른 길은 어떨지 제안할 때가 있다. 왜 그럴까? 내가 더 좋은 모습으로 살아가길 바라기 때문이다. 제안하는 당사자 본인도 도움을 받을 수 있다면, 더 적극적으로 제안한다. 그렇게 서로에게 도움이 될 수 있는 방향을 제안하는 거다.

타인은 나를 물가로 데려왔다.

먹을지 말지를 결정하는 건, 나다. 내가 마시고자 하지 않으면 안 마시면 된다. 여기서, 명심해야 할 것이 있다. 누군가 제안을 했다면 고민하는 건 좋다. 하지만, 너무 오랜 시간 망설이는 건 옳지 않다. 고민하는 것과 망설이는 것은 엄연히 다르다. 고민은 다양하게 따져보고 뭐가 옳을지 판단하는 과정이고, 망설이는 것은 막연한 두려움에 이도 저도 못 하는 마음이다. 많은 사람이 고민한다고 말하지만, 대부분 망설인다. 망설이면서 고민하고 있다고 말한다. 내가 하는 것이 고민인지 망설임인지 잘 살펴야 한다. 고민은 필요한 부분이지만, 망설임은 시간이 지날수록 누구에게도 도움이 되지 않는다. 내가 지금 물가에 있다면 망설이지 말고 고민해야 한다. 떠난 버스는 다시 돌아오지 않는 말도 있으니 말이다.

셀프 코칭 --

나는 고민하고 있는가 망설이고 있는가? 옳은 방향으로 가기 위해 어떤 노력을 하고 있는가?

혼자라는 생각이 들 때,
가져야 할 생각

비슷한 또래의 새로운 사람을 만나면 물어보는 게 있다.

결혼은 했는지, 아이는 있는지, 아이가 몇 살인지 등등이다. 물론 이 외에도 이런저런 궁금한 것을 물어보기는 하지만, 앞의 세 가지는 꼭 질문하거나 받게 된다. 최근에도 새로운 사람들을 만날 기회가 있었는데, 앞선 질문들을 주고받았다. 아이의 나이를 말할 때면, 사람들이 놀란다. 첫째가 올해 대학에 들어갔다고 하니 말이다. 스물여덟이라는 이른 나이에 결혼해서 그런 것도 있지만, 아직은 필자의 나이로 보이지 않은 것도 하나의 이유라면 이유일 수 있겠다. 이런 얘기를 하고 집으로 돌아오는 길에 어린아이가 보이면, 우리 아이들 어릴 때의 추억이 떠오른다. 그만한 나이 때 있었던 기억 말이다.

아이를 키울 때, 의도하지 않게 발생한 일도 있지만, 의도하는 일도 있다.

의도한 일이란, 아이의 성장에 맞춰서 필요한 경험을 시켜주기 위한 목적으로 한 행동을 말한다. 예를 들면 이런 거다. 《딸에겐 아빠가 필요한 순간이 있다》에 수록된 이야기 중 하나다. 첫째가 초등학교를 입학하고 얼마 지나지 않아서였다. 모처럼 쉬는 휴일 아침, 늦잠을 자고 싶었던 필자에게 아이가 졸라댔다. 빵을 먹고 싶다는 게 이유였다. 이불 속에 있는 달콤한 시간을 방해받고 싶지 않았기에, 아이가 그렇게 얄미울 수 없었다. '아! 이제 혼자 갈 때가 되지 않았나?'라는 귀찮은 생각은, 아이의 교육으로 이어졌다. '그래! 이제는 혼자 다닐 때도 됐지!'

자신감을 심어주자는 게, 교육 목적이었다.

혼자서 가게 시켰다. 하지만 아직 어린 나이고 가뜩이나 딸인지라 마음이 편할 리 없었다. 그래서 아내와 작전(?)을 짰다. 아이를 혼자 다녀오게 하는 건 무리가 있으니, 필자가 동행하기로 했다. 엄밀히 말하면 미행이다. 아내는, 필자가 지켜보지 못하는 순간을, 집에서 지켜보기로 했다. 아이가 엘리베이터를 탔을 때 나와서, 엘리베이터의 숫자를 지켜봤다. 다행히 멈춤 없이 로비까지 내려갔다. 바로, 계단으로 뛰어 내려갔다. 5층이라 그리 오래 걸리지 않았다. 밖으로 나오니 아이는 멀리 가지 못했다. 들키지 않게 뒤에 조심히 따라붙었다. 뒤에서 봐도 긴장한 모습이 느껴졌다. 좀 짠하기도 했지만, 어차피 겪어야 할 일이라는 생각으로 마음을 다스렸다.

아이가 슈퍼에 들어가 물건을 사고 나왔다.

이번에는 다른 길로 해서 아이가 올라오는 것을 지켜봤다. 엘리베이터가 보이는 1층과 로비 중간에서 아이가 엘리베이터를 타는 모습을 지켜봤다. 그리고 집으로 쏜살같이 달려 올라갔다. 급히 문을 열고 들어가 아무렇지 않은 듯 그렇게 앉아 있었다. 가쁜 숨을 가라앉히는 데 집중하면서. 아이는 흥분한 목소리로 들어왔다. 혼자서 다녀왔다는 사실이 본인도 대견했던 모양이다. 앞으로도 혼자서 가겠다는 당당한 포부도 밝혔다. 그렇게 아이 혼자서(?) 다녀온, 첫 심부름을 무사히 마쳤다. 아이에게 자신감을 심어준 좋은 계기가 되었다.

자! 이 상황을 우리 현실로 가져와 보자.

힘들고 어려운 일과 마주했을 때, 나만 혼자 덩그러니 놓여 있다는 생각이 들 때가 있다. 세상 모든 힘든 일은 나에게만 일어나는 것 같은 그런 느낌 말이다. 돌이켜보면 당연히, 필자도 그런 시간이 있었다. 그러다 우연히 한 이야기를 듣고, 생각을 고쳐먹었다. 이야기의 내용은 이렇다. 어떤 남자가 죽어서 하늘로 갔다. 하늘에서 하느님과 자신이 지금까지 걸어온 길을 돌아봤다. 평소에는 4개의 발자국이 보였고, 힘들고 어려울 때는 2개의 발자국이 보였다. 이 남자는 힘들었던 시간이 떠올랐는지 눈물을 흘리며 하느님께 따졌다. "저것 보십시오! 제가 힘들 때, 저는 늘 혼자였습니다." 하느님은 이 남자의 어깨를 도닥여 주시면서 이렇게 말씀하셨다. "애야! 네가 힘들고 어려울 때 발자국이 2

개인 이유는, 내가 너를 업고 갔기 때문이란다." 남자는 이야기를 듣고 잠시 멍하니 있다가 오열했다.

혼자라고 느껴질 때가 있다.

하지만 혼자가 아니라는 사실은, 이 이야기를 통해서 알 수 있다. 힘들고 어려울 땐, 발버둥 치기보다, 잠시 기대어 쉴 필요가 있다. 그리고 자기에게 질문을 던져 보고 글로 적어 보는 거다. "이 어려움이 나에게 어떤 의미가 있는가?" "지금 내가 힘든 이유가 뭔가?" "내가 진정으로 원하는 것은 무엇인가?" "내가 지금 할 수 있는 것은 무엇인가?" "지금 누가 나를 도와줄 수 있는가?" 그러면 무거웠던 짐이 조금은 가벼워진다. 막연하게 바라봤던 문제를 구체적으로 바라봤기 때문이다.

두려움과 힘듦은 대부분, 막연함에서 온다.

아무에게도 도움받지 못한다는 막연함, 어떤 상황도 나에게 도움이 되지 않는다는 막연함, 내가 어찌할 수 없다는 막연함 등이 그렇다. 막연함은 질문하지 않음에서 온다. 막연함이 느껴질 때, 앞서 언급한 질문을 자신에게 해보자. 하나씩 천천히. 바로 답이 떠오르지 않는다고 초조할 필요가 없다. 원래 시간이 걸린다. 하루 이틀 때로는 며칠이 걸릴지도 모른다. 중요한 건, 그 물음에 답을 찾아가는 과정에서 막연함이 벗겨진다는 사실이다. 자신도 모르게 벗겨진다. 답을 찾는 순간부터는 막연함이 차지했던 자리가 자신감과 자존감으로 채워지고 있다는 것도 발견하게 된다. 목마를 때 마시는 한 모금의 시원한 냉수처럼 그 맛을 꼭 느껴보길 바란다.

막연하게 두려워하고 있는 고민은 무엇인가? 그 고민에 하나씩 질문을 던져 보면 어떨까?

목적지를 향해,
나아가고자 하는 마음

"중요한 것은 꺾이지 않는 마음"

2022년, 가장 뜨거웠던 유행어라 할 수 있다. 카타르 월드컵에서 16강 확정을 짓고, 태극기에 적힌 문장으로 화제가 됐었다. 우리는 마지막 경기를 마쳤음에도, 16강을 확정 짓지 못했다. 사실, 마지막 경기가 끝나기 전까지, 16강은 물 건너갔다고 생각했다. 1무 1패였기 때문이다. 마지막 경기에서 극적으로 이기고, 타 경기의 결과를 기다려야 하는 상황이 되었다. 승점 1점이 16강을 가를 정도로 긴박했다. 우리 선수들은 타 경기의 결과를 보고 16강 확정을 확인했다. 그때의 감동은 정말 짜릿했다. 기적이라는 생각이 들 정도였다.

긴박함을 어떻게 이겨냈는지 엿볼 수 있는 표현이었다.

궁금해서 이 문장을 검색해 봤다. 이 문장이 월드컵에서 처음 사용된 게 아니라는 것을 알게 되었다. 이 표현의 출처는 이렇다. 한 프로

게이머가 게임에서 패배한 후 인터뷰를 했는데, 여기서 시작이 되었다. 인터뷰에서, 저희끼리만(팀원) 안 무너지면 이길 수 있다는 포부를 밝혔다. 기자는 이 인터뷰를 정리하면서 제목을 뽑았는데, 그 제목에 '중요한 건 꺾이지 않는 마음'이라는 표현을 썼다. 이 말이 힘이 되었는지 결국 이 팀은 세계 대회에서 우승을 차지하게 되었다. 이 표현으로 우승할 힘을 얻었는지, 우승했기 때문에 이 말이 유명해졌는지는 단정 지을 수 없다. 하지만 확실한 건, 꺾이지 않는 마음이 정말 중요하다는 사실이다.

꺾이지 않으려고 버티다가 부러진다는 말도 있다.

그래서 대나무를 인용한다. 꺾이지 않고 휘어져서, 어떤 강한 바람에도 부러지지 않는다는 게 이유다. 대나무의 휘어지는 성질과 같이, 부드러움이나 유연한 성향을 지녀야 한다고 강조한다. 하지만 앞서 말한 '꺾이지 않는 마음'은 이 상황과는 다르다. 그래서 다르게 바라봐야 한다. 꺾이지 않는 마음에서 꺾이지 않는다는 건, 버틴다는 의미보다, 나아간다는 의미가 강하다. 꺾이지 않으려고 버티는 것이 아니라, 꺾이지 않기 위해 나아간다는 의미 말이다.

버팀은 유지다.

현재 상황을 지키기 위해 버틴다. 하지만 나아감은 '정진'이다. 가고자 하는 방향으로 나아간다. 최고의 수비는 공격이라는 말처럼, 단순히 버티는 것만으로는 원하는 것을 얻을 수 없다. 축구에서도 이런 장면을 목격한다. 이기고 있는 팀이 점수를 지키려고 버티다 역전패당하는 모습 말이다. 이기고 있더라도 오히려 적극적으로 공격을 펼치는 팀이 확실한 승리를 가져온다. 이기고 있는 팀이 몰아붙이는 기세는, 지는 팀에게는 감당하기 어려운 태풍과 같을지도 모른다.

내가 가고자 하는 길이 항상 뚫려 있진 않는다.
고속도로처럼 거침없이 달릴 때도 있지만, 과속방지턱으로 덜컹거릴 때도 있고 장애물에 가로막힐 수도 있다. 그럼 어떻게 해야 할까? 장애물이 없어질 때까지 혹은 누가 치워줄 때까지 기다릴 텐가? 아니면 그냥 무시하고 밀어붙일 텐가? 둘 다 좋은 방법은 아니다. 내려서 옮길 수 있는 장애물이면 옮기고 아니면 기관에 신고해서 처리하도록 요청해야 한다. 이도 저도 아니면, 다른 길로 우회해야 한다. 이것이 바로, 나아가는 모습이다.

길만 보는 게 아니라, 목적지를 바라보는 거다.
내가 가는 길에 집착하면 목적지는 잊히고 길만 보인다. 왜 이 길을 가는지조차 잊게 된다는 말이다. 하지만 내가 도달하고자 하는 목적지를 잊지 않는다면, 상황에 맞는 방법을 찾고 실행하게 된다. 분명한 건, 타협과는 다르다는 거다. 타협은 가고자 하는 목적지를 바꾸는 것이지만, 이는 가는 길을 바꾸는 것이지, 목적지를 바꾸는 건 아니다.

내가 도달하고자 하는 곳이 명확하다면, 묵묵히 나아갈 용기를 내야 한다. 그렇게 할 때 생각지도 못한 도움의 손길이 나를 감싸 안아줄 것이다. 그 손길을 믿고 나아가야 한다.

셀프 코칭 --

나의 목적지는 어디인가? 목적지를 잃지 않았다면, 지금 장애물을 어떻게 해결해야 하는가?

기회로 가는 열쇠 찾기

"구관이 명관이다."

과거에 함께 있던 사람을 그리워할 때 쓰는 속담이다. 그 이유는 뻔하다. 현재 함께 있는 사람이 마음에 들지 않기 때문이다. 공동체의 리더가 바뀌게 되면, 이 속담이 자주 등장한다. 함께 있을 때 불만이었던 모습이 그리워지는 거다. 빠른 결정을 내려주지 않는 리더가 있었다. 차분한 것인지 우유부단한 것인지 헷갈릴 정도로 결정을 미뤘다. 리더는 독단적인 결정보다 구성원들의 의견을 잘 수렴해서, 결정을 내리려고 했던 것일 수도 있다. 다른 방향으로 해석하면, 곧 떠나게 될 리더였기 때문에 새로운 리더에게 그 결정을 양보했을 가능성도 크다. 어찌되었든 사람들은, 그런 리더를 답답해했고 그 마음을 말로 표현했다.

새로운 리더가 왔다.

겉모습부터 호쾌한 모습이었다. 말과 행동도 그러했는데, 이전 리더와는 완전히 다른 성향이었다. 모든 것을 빠르게 결정했고, 추진력이 뛰어났다. 이전 리더에게 가졌던 불만을 말끔하게 해소하는 모습이었다. 사람들은 환영했지만, 안타깝게도 그 마음이 오래가진 않았다. 조금씩 불만의 목소리가 새어 나오기 시작했다. "독단적이다", "급하다", "편파적이다", "너무 막, 대한다" 등등 이전 리더에게는 없던 강점을 환영했지만, 곧 불만으로 바뀌었다. 심지어 답답하다며 불평했던 이전 리더를 그리워하기까지 했다. 사람의 마음이 얼마나 간사한지 여실히 드러났다. 이 리더가 가고 또 다른 리더가 오면, 지금의 리더를 그리워할까? 벌써 의문이 든다.

항상 한자리에 있을 순 없다.

임기가 정해져 있는 자리는 특히 기간을 채우면 다른 곳으로 떠나게 된다. 학교 다닐 때 다른 곳으로 이동하는 선생님으로, 여학생들은 울음바다를 만들기도 했다. 임기가 정해져 있지 않더라도, 더는 머물 수 없는 상황으로 자리를 떠나게 되기도 한다. 회사가 그렇다. 자의든 타의든, 퇴사하면서 머물렀던 곳을 떠나게 된다. 더 나은 곳으로 떠나기 위한 자발적인 퇴사는 홀가분한 마음과 기대에 찬 마음이다. 하지만 본의 아니게 떠나야 하는 퇴사는 씁쓸하고 한편으로는 억울하기도 하다. 지금까지 했던 노력이 한순간에 짓밟히는 기분이다.

필자는 직장 생활 23년 동안, 두 번의 퇴사를 경험했다.

유아 체육을 할 때는 임용 시험을 위한 자발적 퇴사였다. 접어두었던 꿈을 이루기 위한 도전이었다. 성공하진 못했지만, 나름대로 최선을 다했으니 후회하진 않는다. 두 번째는, 떠밀리듯 퇴사했다. 겉모습은 자발적 퇴사였지만, 그 내용은 타의에 의한 퇴사였다. 그래서 기분이 썩 좋지 않았다. 그래도 그리 나쁘게 살진 않았는지, 함께했던 후배들이 구두 상품권을 선물로 줬고, 떠날 때 울음을 터트린 후배도 있었다. 그때 산 구두를 지금도 가끔 신고 있는데, 평생 버리지 못할 듯하다. 그래서 떠날 때, 그리 서운하진 않았다.

있어야 할 사람이 떠나는 빈자리는 크게 느껴진다.

지금까지 원활하게 돌아가던 업무에 지장이 있을 듯하고, 심하게는 큰 타격을 입을 것 같은 느낌이 들기도 한다. 필자가 두 번째 퇴사할 때 그런 마음이었다. 필자가 차지하는 비중이 매우 컸다고 자부했기 때문이다. 실제로 이직하면서, 많은 일감이 필자가 옮긴 회사로 넘어왔다. 퇴사한 이후에도 핵심 인력이라 여겼던 후배들이 하나둘 나가면서 그 회사는 곧 문을 닫을지도 모르겠다는 생각이 들었다. 업계에 그 회사에 대한 평판도 좋지 않았다. 하지만 아직 건재하다. 오히려 규모가 더 성장했다는 이야기를 들었다. 매출 업계 순위로 따지면 다섯 손가락 안에 들어가는 것으로 보인다. 의아했지만, 인정할 수밖에 없었다.

공동체는 힘이 있다.

공동체는 개인이 모여 이루어졌다. 따라서 큰 비중을 차지하는 개인이 빠지면 위태로워진다고 생각한다. 그래서 핵심 인력이 빠져나갈 때, 리더들은 매우 심각한 고민에 빠지게 된다. 대체할 인력이 없다는 생각 때문이다. 실제 고민이 현실로 돌아와 심하게 고생하는 경우를 보기도 한다. 필자도 한때는 그런 고충을 겪기도 했다. 하지만 신기하게도, 어찌어찌해서 이어가게 된다. 어딘가에 걸려 넘어질 듯 앞으로 내닫지만 허우적거리며 넘어지지 않는 사람처럼, 그렇게 다시 중심을 잡고 제대로 일어선다. 그리고 이전보다 더 빠르게 달려 나가기도 한다. 그럴 때마다 공동체의 힘이, 개인의 힘보다 크다는 것을 느낀다.

떠난 자리는 누군가가 새롭게 메운다.

빌 듯한 자리지만 기존에 있던 다른 사람이 메우기도 하고, 새로운 사람이 메우기도 한다. 새로운 사람이 예상외로 그 자리를 잘 메우기도 하고, 오히려 전보다 낫기도 한다. 기존에 있던 사람이 일을 매우 잘했다고 생각했지만, 새로 메워진 사람을 통해 그렇지 않다는 것을 알게 되기도 한다. 기존의 방식이 합리적이라 생각했는데, 매우 비합리적이라는 사실을 알게 되기도 한다. 그때 밀려오는 배신감은 이루 말할 수 없다. 사람들이 잘 모른다고, 믿어준 사람들을 기만했기 때문이다. 그 사람이 자리를 떠날 때는 매우 심각한 위기라 생각했지만, 새로운 사람을 통해 오히려, 그 사람이 있었으면 더 큰 문제 상황으로 빠질 수 있었다는 것을 알게 된다. 참 아이러니한 상황이 아닐 수 없다.

위기가 기회가 된다는 말이 있다.

당장은 위기라 느껴지지만, 그 상황을 잘 넘기면 기회가 된다는 말이다. 사람도 그렇고 상황도 그렇다. 지금 내가 처한 상황이 위기라 느껴질 때 이렇게 생각해 보면 좋겠다. '이 위기가 나에게 어떤 의미가 있을까?' 세상에 그냥 일어나는 일은 없다. 반드시 그 이유가 있다. 이유를 찾지 않았으니, 이유를 발견하지 못했을 뿐이다. 이유를 발견하게 되면, 지금의 위기가 곧 기회로 가는 통로라는 것을 깨닫게 된다. 그 깨달음은 위기를 담대하게 받아들이게 한다. 위기를 담대하게 받아들이는 지혜와 용기가 있다면 그 어떤 상황도 잘 헤쳐 나갈 수 있다. 그러니 반드시 이유를 찾아야 한다. 언제까지? 찾을 때까지.

셀프 코칭

위기 상황을 기회로 만들기 위해 어떤 노력을 할 수 있는가?

옳은 선택을 위한,
지혜와 용기를 청하며

혼란스러울 때가 있다.

상충하는 두 가지의 마음이 충돌할 때다. 해야 할 것과 하고 싶은 것의 충돌이 그렇다. 이런 상황은 어릴 때부터 자주 겪었다. 숙제는 해야 하는데, 보고 싶은 TV 프로그램이 마침 그 시간에 시작한다. 지금처럼 다시 보기를 할 수 없었을 때는, 어떻게든 본방 사수를 해야 하니 심적 충돌은 더욱 컸다. 녹화해서 볼 수도 있었지만, 어디 그게 쉬운가? 마음은 이미 콩밭에 가 있는데 말이다. 숙제의 난도가 높거나 양이 많을 때 혹은 담당 선생님이 만만치(?) 않을 때, 그 괴로움은 더 컸다.

둘 다 포기할 수 없다는 생각이 더 강해진다.

하지 말라면 더 하고 싶은, 그런 심리가 발동하는 거다. 어떻게 할까, 고민하다가 최고의 선택이라 여기며, 최종 결정을 한다. 두 마리 토끼를 모두 잡는 방법이다. 나의 의지는 강력하다고 스스로 위안으로 삼으며, 숙제를 들고 TV 앞에 앉는다. 결과는 어땠을까? 해본 사람은 알 거다. 이도 저도 안 된다. 숙제는 숙제대로 못 하고, TV는 무슨 내용인지 제대로 보지 못하는 상황이 된다. 잠깐이지만, 어떤 내용을 놓치면 전체 흐름을 이어갈 수 없는 포인트가 있다. 그걸 놓치면 그때는, 무너진다. 숙제는 못 하게 되고, 놓친 내용을 파악하느라 지금 내용도 집중하지 못하는 거다. 프로그램이 마치면, 공허함과 허무함이 두 배로 밀려온다. 둘 중 하나를 포기했다면 이렇게까지 마음이 혼란스럽지 않았을 거라 후회하지만, 이미 시간은 다 흐른 상태다.

우리는, 어릴 때 이미 경험했다.

위의 상황은 아니더라도 해야 할 것과 하고 싶은 것 사이에 갈등이 일어나고, 둘 다 놓치고 싶지 않은 마음에 어떻게든 같이 해본다. 하지만 원하는 결과가 나온 사람이 있을까? 거의 없을 거로 생각한다. 현실적으로 매우 어렵기 때문이다. 영화 〈비트〉에도 이와 비슷한 내용이 나온다. 오래돼서 내용이 정확하게 기억나진 않지만, 말하고자 하는 핵심은 명확하다.

공부를 매우 잘하는 친구가 있다.

주변 친구들이 볼 때는, 공부에 매진하는 것처럼 보이지 않는다. 어제 치러진 야구 내용을 명확하게 설명하고, 최신 영화 내용도 줄줄 말한다. 친구들과 대화할 때는 어디 가서 놀았는지에 관한 이야기만 한다. 친구들은 이 친구가 부러울 수밖에 없다. 그렇게 해도 성적이 잘 나오는 것을 보고 따라 하지만, 시험을 죽 쒔다고 울음을 터트린다. 공부 잘하는 친구는 고개를 돌리며, 의미심장한 미소를 짓는다.

특별한 비결이 있을까?

놀면서도 공부를 잘하는 비결 말이다. 성적이 잘 나오는 비결이 있기는 한데, 그 방법이 좀 치사하다. 공부 잘하는 친구는 놀지 않았다. 야구장을 가지 않았고 영화도 보지 않았다. 그리고 놀러 가지도 않았다. 야구장 장면이 나오는데, 그 장면이 모든 것을 설명해 준다. 어떤 사람이 야구장에서 경기 상황을 메모하는 장면이 나온다. 경기장의 분위기까지 메모한다. 메모한 내용은 공부 잘하는 친구에게 전달된다. 그랬다. 이 친구는 야구장에 간 것이 아니라, 야구장에 간 누군가에게 내용만 전해 들은 거다. 마치 자기가 다녀온 것처럼 말이다. 그렇게 친구들을 안심시키는 게, 이 친구의 전략이었다. 성적을 유지하기 위한 전략인 거다.

치사한 방법을 비판하려고 이 이야기를 꺼낸 건 아니다.

두 마리의 토끼를 잡는 건 거의 불가능하다는 것을 이야기하고 싶은 거다. 숙제하면서 TV를 보는 것도 그렇지만, 놀 거 다 놀면서 상위의 성적을 유지하는 건 매우 어렵다. 둘 중 하나는 포기해야 한다. 그래야 하나라도 온전히 할 수 있다. 과학적으로도 증명된 내용 중 이런 내용이 있다. 사람은 기본적으로 멀티태스킹을 할 수 없다고 말이다. 한 번에 여러 가지를 하는 사람을 매우 역량 있는 사람으로 여기지만, 이 사람은 전환이 빠를 뿐이지, 절대 한 번에 여러 일을 하는 건 아니라고 한다.

무엇을 선택해야 할까?

마음에서 부딪히는 두 가지 상황이 있을 때 어떤 것을 선택해야 할까? 해야 할 것과 하고 싶은 것의 문제뿐만 아니라, 상반되는 상황은 언제나 마주할 수 있다. 따라서 둘 중 하나를 선택해야 한다. 그러지 않으면, 이도 저도 안 되는 상황을 매번 반복해야 한다. 중요한 건, 우리는 이미 알고 있다는 사실이다. 내가 무엇을 선택해야 하는지 이미 알고 있다. 다만, 그것을 선택하기 싫어서, 마음에 갈등이 일어나는 거다. 무엇을 선택해야 옳은지 알지만, 다른 것에 마음이 간다. 좋고 싫고의 문제라면 어떤 결과든 쉽게 넘길 수 있지만, 옳고 그른 문제라면 이야기는 달라진다. 옳다는 생각을 행동으로 옮기기 위해서는, 그 선택을 위한 지혜와 용기가 필요하다. 그것을 청해야 한다.

셀프 코칭

지혜와 용기가 필요할 때 어떤 결정을 내리는가? 그 결과는 어떠한가?

어둠을 욕하기보다, 촛불 하나를 더 밝히는 노력

강점과 약점은, 동전의 양면과 같다.

동전의 양면이라 표현하는 것은, 동전의 속성 때문이다. 서로가 하나라는 점에서는 매우 유사한 것으로 보인다. 하지만 앞과 뒤라는 표현으로 보면, 서로 정반대의 모습을 띤다. 비슷하지만 전혀 다르다고 해야 하나? 아무튼 참 묘한 속성을 지녔다. 강점과 약점을 동전의 양면이라고 표현한 데에는 이유가 있다. 강점과 약점은 일반적으로 알고 있듯, 사람이라면 누구나 가지고 있는 정반대의 두 모습이다. 강점만 가지고 있는 사람도 단점만 가지고 있는 사람도 없다. 강점과 약점은 누구나 가지고 있다. 그럼 유사한 점은 무엇일까? 동전처럼 하나로 붙어 있는, 그 속성은 무엇일까?

강점이 세지면 약점이 된다.

강점과 약점이 전혀 다른 것이 아니라, 유사하다고 말하는 이유가 바로 이것 때문이다. 약점은 강점과 전혀 다른 모습을 지닌 것이 아니다. 강점에서 파생된다고 볼 수 있다. 예를 들면 이런 거다. 적극적이고 열성적인 사람이 있다고 하자. 이런 모습은 강점인가? 약점인가? 이를 약점으로 보는 사람이 있을까? 적극적이고 열성인 모습은 성공하는 데 필요한 자세이다. 따라서 강점으로 보는 게 더 맞는다고 본다. 하지만 적극적이고 열성인 모습이, 세게 발현되면 어떤 모습이 될까? 권위적인 모습이 된다. 밀어붙이는 기세가 너무 세서 넘치면, 독단적으로 보이기까지 한다. 주변 사람이 그렇게 느낀다.

같은 모습이지만 강점과 약점으로 갈리기도 한다.

말을 끊임없이 잘하는 사람이 있다고 하자. 이런 모습은 강점일까? 약점일까? 이건 바로 답하기가 좀 모호하다. 서먹한 자리에서는 분위기를 살리니, 강점으로 인정한다. 여러 사람이 의견을 나눌 때는 어떨까? 강점보다는 약점으로 바라볼 가능성이 크다. 자기 말만 하는 사람으로 보이기 때문이다. '참, 말 많네!'라며 눈을 흘길지도 모를 일이다. 강점과 약점은 이렇듯, 세기에 따라 갈리기도 하지만, 상황에 따라 갈리기도 한다. 따라서 상황을 잘 살피는 맥락적 대응이, 지혜로운 자세라 하겠다.

약점은 어떻게 해야 할까?

고치거나 없애기 위해 노력해야 할까? 아니다. 약점을 고치려는 노력이 위험할 수 있다. 강점이 변질될 수 있기 때문이다. 강점이 세게 발현된 것이 약점이라면, 강점과 약점은 서로 연결되어 있다고 볼 수 있다. 따라서 약점을 고치려는 노력이, 자칫 강점까지 약하게 만드는 결과를 낼 수 있다. 약점은 고치거나 없애야 할 대상이 아니다. 그리고 보완해야 할 대상도 아니다. 그래서 강점과 약점을 대하는 자세가 달라야 한다고 말한다.

강점은 강화해야 할 대상이다.
강점에 집중하면 원하는 것을 이룰 가능성이 커지고, 성장도 함께 따라온다. 강점에 집중하라고 말하는 이유다. 약점은 관리해야 할 대상이다. 약점을 잘 관리해서 실패의 위험을 줄여야 한다. 약점을 관리한다고 성과가 나는 건 아니지만, 잘 관리된 약점을 바탕으로 강점을 발휘할 계기를 마련할 수는 있다. 야구에서 그런 모습을 자주 본다. 수비에서 위기를 맞이하지만 잘 넘기면, 다음 회 공격에서 기회를 맞는다. 약점을 잘 관리해서 얻게 된, 강점 발휘 기회라 볼 수 있다. 이렇듯 사람은 강점과 약점을 모두 가지고 있고, 이를 바라보는 시선과 대처해야 할 자세를 달리해야 한다.

타인을 바라보는 시선과 자세도 마찬가지다.
사람은 누구나 강점과 약점을 가지고 있다. 좋은 모습과 나쁜 모습이라고 해도 되겠다. 어느 한 가지 모습만 가지고 있는 사람은 없다.

하지만 우리는, 대체로 좋은 모습보다 나쁜 모습에 더 많은 신경을 쓴다. 그리고 판단한다. 이 사람은 이래서 이렇고, 저 사람은 저래서 저렇다고 한다. 그렇게 이야기하고 지적하면 나쁜 모습이 고쳐질까? 절대 아니라는 건, 너무나 잘 알고 있는 사실이다. 그 누구에게도 도움이 되지 않는다는 말이다. 그러면 어떻게 해야 할까? 나쁜 모습을 뽑아내기 위해, 용기를 내서 직접 나서야 할까? 그것 또한 아니다.

단죄하고 심판하려는 마음은, 교만이다.

사람이 해서는 안 될 부분을, 사람이 하려고 하기 때문이다. 사실 필자도 이 부분에 대해 답을 찾지 못해 마음이 혼란스러울 때가 있었다. 그냥 두는 것도 마찬가지다. 마치 방관하는 것 같아 마음이 좋지 않았다. 한 미사 강론에서 그 해답을 찾았다. 신부님께서는 이렇게 말씀하셨다. "어둠을 욕하지 말고, 내가 촛불 하나를 더 밝히면 됩니다!" 옳지 않다고 생각되는 그런 모습에 대고 욕하면서 판단하고 단죄하는 마음을 거두고, 내가 더 선한 영향력을 행사하기 위해 노력하기를 다짐하라는 의미다. 깊이 공감한다. 세상을 바꾸는 건 악에 대한 비난이 아니라, 선을 행하는 노력이라는 것을 믿는다.

⚡ 셀프 코칭 -

어둠만 보이는 사람이 있는가? 촛불 하나를 밝히려면 어떻게 해야 하나?

진리를 믿고 실행하는 것이, 나를 자유롭게 하리라!

세상에는 여러 진리가 있다.

중요한 것은, 그 진리를 진심으로 믿느냐의 문제다. 진심으로 믿는 다는 것을 어떻게 알 수 있을까? 진지한 표정으로 "나는 진리를 믿는 다!"라고 하면, 진정으로 믿는다고 할 수 있을까? 선뜻, 그렇다고 말하 기 어렵다. 뭔가 허전하다. 뭐가 빠졌을까? 행동이다. 믿는다고 말하 는 진리를 실행하지 않으면, 진정으로 믿는다고 보기 어렵다. 높은 곳 에서 뛰어내리는 아이를 보면 알 수 있다. 두 팔을 벌리고 있는 아빠를 믿는다면, 자기 키보다 몇 배나 높은 곳에서, 아이는 기꺼이 뛰어내린 다. 아빠를 믿는다고 하면서 뛰어내리기를 주저하는 아이는 진정으로 믿는다고 보기 어렵다. 따라서 믿는다는 건, 말로 하는 게 아니라 행동 으로 옮기는 거라 말할 수 있다.

이 또한 진리다.

실행하지 않으면 결과를 낼 수 없다. 아무리 좋은 아이디어가 있더라도 실행하지 않으면 결과를 낼 수 없다. 이렇게 말하는 사람을 가끔 본다. "아! 저거 내가 생각한 건데!" 새로운 아이디어 상품이 나와서 사람들의 관심을 끌면, 이렇게 말한다. 자기도 생각한 거라고. 하지만 이 사람은 실행에 옮기지 않았다. 사실 필자도 이런 생각을 몇 번은 했다. 아쉽다는 생각이 들었지만, 인정해야 했다. 아이디어를 실물로 만들어서 세상에 내놓은 사람이 그에 따른 결과를 차지한다는 것을 말이다. 투자에 대한 정보도 그렇다. 여러 사람 앞에서 자기가 알고 있는 정보를 풀어놓는다. 그냥 흘리는 사람도 있지만, 잘 듣고 나름대로 알아보고 생각한 다음, 투자를 결정하는 사람도 있다. 다 잘됐다고 볼 수는 없지만, 실제로 투자한 사람만이 결과를 얻는다는 건 명확한 사실이다.

아무리 좋은 씨가 있어도 뿌리지 않으면 소용이 없다.

뿌리고 잘 가꾸어야 좋은 씨가 열매를 맺는다. 사람이 해야 할 건, 씨를 뿌리고 가꾸는 거다. 좋은 씨라는 것을 믿는 건, 그냥 두는 것이 아니라 심는 거다. 심지 않으면서 아무리 좋은 씨라고 해봐야 소용없다. 씨를 심고 가꾼다고 해서 다 좋은 열매를 맺는 건 아니지만, 심지 않으면 열매는 생각조차 할 수 없다. 그냥 내버려 둔 씨는 아무리 좋은 것이라 해도, 시간이 지나면 썩고 없어진다. 아무리 좋은 생각도 실행하지 않으면, 한낱 지나간 생각에 다름없는 것처럼 말이다.

부럽다는 생각이 드는 사람이 있는가?

우리는 이런 사람의 보이는 모습에만 관심을 둔다. 내가 갖지 않은 것을 가지고 있거나 갖고 싶은 것을 가진 것만 본다. 하지만 주목해야 할 것은, 그게 아니다. 그것을 갖기 위해 어떤 실행을 했는지를 봐야 한다. 최근에 만난 몇 분의 모습도 그랬다. 각 분야와 하는 일은 다르지만, 그분들이 이뤄낸 모습의 공통점은 실행이었다. 생각에만 머문 것이 아니라, 실행한 거다. 현재 모습을 불평만 하는 게 아니라, 그곳에서 벗어나기 위해 실행했다. 이거다 싶으면 뒤도 돌아보지 않고, 전진했다. 이분들은 그것을 진리라 믿고 그 믿음을 실행으로 옮겼다. 그래서 지금의 모습을 갖추게 되었다.

실행하는 게, 말처럼 쉬운 건 아니다.

가진 것이 적고 부족한 것이 많다고 생각하는 사람은 더욱 그렇다. 스스로 틀을 만들기 때문이다. 이래서 안 되고 저래서 못 한다. 이런저런 조건만 갖춰지면 할 수 있을 거라며, 현실 탓만 한다. 하지만, 앞서 말한 분들도 조건이 갖춰져서 실행한 게 아니다. 어디서 그런 용기와 결단이 나왔는지 모르겠지만, 무모하다고 생각할 만큼 과감했다. 시간도 돈도 과감하게 투자했다. 시간 여유가 있어서 한 것이 아니라, 어떻게든 짬을 내서 했다. 돈이 있는 건 고사하고, 빚더미에 놓인 상황에서도 어떻게든 마련해서 실행했다. 지금 이대로는 안 되겠다는 생각과 어떻게든 벗어나야겠다는 생각뿐이었다. 진리로 믿는 것을 선택했고 그것을 믿었으며, 그대로 실행했다.

마음만 먹으면, 지금 상황을 벗어날 기회는 많다.

정보가 모두 오픈되어 있고 알려주겠다고 하는 사람들이 널려 있다. 더 주지 못해 안달 난 사람처럼 보이는 분도 있다. 자기도 어려웠으니, 자기와 같은 처지에 있는 사람을 보면 그냥 못 지나치는 분도 있다. 문제는, 방법이 없는 게 아니라, 실행할 의지와 용기를 발휘하지 못하는 자신에게 있다.

아무것도 하지 않으면 아무런 일도 일어나지 않는다.

사과를 따기 위해서는 나무를 흔들든지 나무에 올라가야 한다. 밑에서 사과가 떨어지기를 바라는 건 미친 짓이다. 어쩌다 한 번은 떨어질 수 있어도, 매번 그렇게 되긴 어렵다. 얻은 열매가 없다면 실행하지 않은 거다. 실행했는데도 열매를 얻지 못했다면? 아직 때가 되지 않은 거다. 내가 먹어도 될 정도로 무르익지 않은 거다. 설익은 것을 먹어 탈이 나는 것보다, 더 시간이 지나 알찬 열매를 먹는 게 좋지 않을까? 실행하면 결과를 얻는다는 건 진리다. 믿는 진리를 실행하고 있다면, 남은 건 무르익도록 기다리는 것뿐이다.

셀프 코칭

바꾸고 싶은 내 모습을 바꾸려고 한다면, 어떤 태도를 지녀야 할까?

자존감을 끌어올리는 마중물

자존감(自尊感)은, 자기를 존중하는 마음이다.

자기를 존중한다는 의미를 감정으로 표현하면, 뿌듯함이나 떳떳함이라 할 수도 있겠다. 타인을 존중할 때 느끼는 감정을 자신에게서도 고스란히 느끼는 거다. 존중하는 사람과 함께 있으면 어떤 마음이 드는가? 함께 있는 것만으로도 뿌듯한 마음이 든다. 당당하게 말하는 그분의 목소리와 눈빛을 통해 떳떳함을 읽을 수 있고, 그 말을 들으면서 내 가슴도 자연스레 펴지게 된다. 하물며, 자기 스스로 존중하는 마음이 들 정도니, 얼마나 마음이 뿌듯하겠는가? 뿌듯한 마음은 곧, 누구 앞에서도 당당하게 마주할 수 있는 떳떳함으로 드러나지 않겠는가? 묵직한 중심이 잘 자리 잡은 느낌이 든다. 자존심보다 자존감을 더 중요하게 여기는 것도 이런 이유이지 않을까 싶다. 그래서 이렇게 질문해 본다.

"언제 자존감이 올라올까?"

아! 여기서 중요한 것 하나를 발견한다. 자존감은 있고 없고의 문제가 아니라는 거다. 의식하지 않고 던진 질문에서, 그 이유를 찾게 된다. 언제 올라가는지를 물었기 때문이다. 올라온다는 건, 어딘가에 존재한다는 것을 전제로 한다. 그렇다. 우리는 누구나 자존감을 품고 있다. 자존감이 없다고 말하지만, 없는 것이 아니라, 자신도 모르는 사이 너무 깊이 내려앉아서 보이지 않는 거다. 보이지 않는다고 없는 것이 아니다. 말하지 않는다고 하고 싶은 말이 없는 게 아니고, 표현하지 않는다고 감정이 없는 게 아니라는 말이다. 그러니 어딘가에서 올라오기를 바라는 자존감을, 끌어올릴 필요가 있다. 어떻게 하면 가능할까?

마중물의 원리를 이용하면 된다.

어디에 있는지도 모르는, 땅속 깊이 있는 우물을 길어 올리기 위해서는 한 바가지의 물이 필요하다. 어릴 때 외가에 가면, 마당에 초록색 수동 펌프가 땅에 박혀 있었다. 호기심에 펌프 손잡이를 올렸다 내렸다 했지만, 쇠 마찰음 소리만 났고 아무런 반응이 없었다. 그때 신기한 걸 보여 준다며, 이모가 옆에 있는 물 한 바가지를 넣고 펌프질을 하기 시작했다. 그랬더니 차가운 물이 펌프 입구의 굵기만큼 콸콸 쏟아지기 시작했다. 그 원리를 정확하게 알지는 못했지만, 그 모습에 놀랐던 기억이 난다. 학교도 들어가지 않은 어린 나이였지만, 그 기억이 강력해서인지, 마중물이라는 단어만 들으면 그때의 기억이 소환된다.

그렇다면, 자존감의 마중물은 뭘까?

무엇 한 바가지를 내 마음에 넣으면, 깊이 내려앉아 있는 자존감이

솟아오를까? 도움이다. 내가 타인에게 도움을 줬다는 사실 한 바가지가, 바로 마중물이 된다. 크고 작고는 중요하지 않다. 실질적이든 심적이든 그것도 상관이 없다. 내가 도움을 주기 위해 건넨 마음과 도움이 됐다는 상대방의 말 한마디면 그걸로 족하다. 상대방이 말로 표현하지 않아도 상관없다. 내가 도움을 줬다는 마음 하나면 된다. 그렇게 내가 건넨 도움의 마음이 마중물이 되어, 자존감이라는 우물을 끌어올린다. 끌어올린 물을 다양하게 사용하듯, 끌어올린 자존감은 다른 활동에 영향을 준다. 물론 좋은 영향이다.

자존감 한 바가지를 남겨둔다.

끌어올린 물 중 한 바가지를 남겨놓듯, 그렇게 남겨둔다. 마음의 여유다. 자존감이 올라오지 않는 이유 중 하나는, 마음의 여유가 없기 때문일 가능성이 크다. 자존감이 없다고 말하는 사람을 보면 그렇다. 뭔가에 쫓기는 듯하다. 겉으로 드러날 때도 있지만 그렇지 않을 때도 있다. 아무튼, 마음에 여유가 없다. 타인을 돕는 마음과 그 안에 여유가 함께 공존할 때, 최고의 마중물이 되어 자존감을 끌어올린다. 우리는 마중물만 생각하면 된다. 그 안에 우물이 어떻게 올라올지는 걱정할 필요가 없다. 뜻대로 이루어질 테니 말이다.

셀프 코칭

내가 도움을 준 경험은 무엇인가? 그 기억을 소환하면 어떤 느낌이 올라오는가?

마음 홀로서기를 위한,
마음공부

《다산의 마지막 공부》

제목처럼, 다산 정약용이 마지막으로 공부했다는 것에 관한 내용이다. 무슨 공부였을까? 바로, '마음공부'다. 내 것이지만 내 마음대로 할 수 없는 게 마음이다. 이 마음을 다스리기 위해 공부하고 노력한 것에 관한 내용인데, 마음에 대해 다룬 유교 경전《심경》의 내용을 바탕으로 한다. 다산이 마지막까지 읽었다고 하는 이 책을 통해, 저자는 지금의 독자들에게 마음공부에 관한 메시지를 전달한다. 무엇을 중시해야 할지, 묵직하게 다가오는 문장들을 만날 수 있다.

필자가 관심을 두고 있는 주제기도 하다.

표현을 좀 달리하면, '마음 홀로서기'다. 이 내용으로 묵상하고 메시지를 전달하려고 노력하고 있다. 마음 홀로서기가 되지 않으면, 우리가 살아가는, 아니 살아내야 하는 삶 속에서도 홀로서기 어렵다는 판단에서다. 홀로 설 수 없으면, 서로 기대기가 어렵다. 자칫, 함께 무너질 수도 있기 때문이다. 서로 기대려고만 하면 그렇게 된다. 사람 인(人)의 모양을 보면, 그렇다. 각자가 홀로 설 수 있는 상태에서는, 서로 기대도 무너지지 않는다. 하지만, 서로 기대려고만 하면 어떻게 될까? 조금만 어긋나도, 각자가 기대고 있던 힘으로 무너질 수밖에 없다. 함께 하기 위해서는, 홀로서야 한다는 말이다. 아무튼. 책에서 이런 내용이 눈에 들어왔다.

'선(善)'에 관한 내용이다.

허물을 고치고 선을 따르는 '개과천선(改過遷善)'에 관한 여러 학자의 이야기 중, 가장 마음에 와닿는 문장을 가져왔다. "선한 것을 보면 마치 거기에 미치지 못한 듯이 열심히 노력하고, 선하지 않은 것을 보면 마치 끓는 물에 손을 넣은 듯이 재빨리 피해야 한다."《논어》〈계씨〉에서 공자가 한 말이라고 한다. 이 문장을 보는 순간, 머릿속에 그림이 명확하게 그려졌다. 그래서 마음에 더 와닿았는지도 모르겠다. 메시지를 전달할 때 어떻게 해야 하는지를, 다시 한번 깨닫게 된다.

선한 것은 이렇게 그려졌다.

예능 프로그램 중에 시간을 다투는 게임이 있었다. 출발신호와 함께 시작해서 여러 장애물을 통과한다. 달리다가 점프하기도 하고 줄을 잡고 올라가기도 한다. 회전하는 그물망에 매달려 정확한 타이밍에, 안전지대로 뛰어내려야 하기도 한다. 그렇게 장애물을 잘 통과하고 달려가서 마지막에 해야 할 건, 버튼을 누르는 거다. 그래야 시간이 정지되기 때문이다. 그렇게 가장 짧은 시간에 버튼을 누른 사람이 승자가 되는 게임이다. 여기서 간혹 안타까운 장면이 연출된다. 거의 다왔는데, 넘어지거나 미끄러져서 버튼에 다가가기 어려운 상황이 발생할 때가 그렇다. 안간힘을 쓰면서 버튼에 닿으려는 모습이 처절하기까지 하다. 앞선 문장에서 이런 모습이 느껴졌다. 미치지 못한 듯이 열심히 노력하는 모습 말이다. 지금까지 그러지 못한 듯하여, 부끄러울 뿐이다.

선하지 않은 것은 이렇게 그려졌다.

문장 그대로 그려도 금방 이해할 수 있지만, 어릴 때의 웃지 못할 경험이 떠올랐다. 추운 겨울, 주산학원 교실에 앉아 있었다. 수업 시작 전이었는데, 앞에 난로가 있었다. 무슨 근거로 그런 생각을 했는지 모르겠지만, 문득 이런 생각이 들었다. '뜨겁다고 느끼지 않으면 괜찮지 않을까?' 그리고 손을 난로 위에 올렸다. 어떻게 됐을까? 생각대로 뜨겁다고 느끼지 않고 잘 버텼을까? 절대 아니다. 손을 대는 순간 "앗! 뜨거워!"라는 비명과 함께 오두방정을 떨었다. 그 대가로, 수업 시간 내내 찬물이 담긴 세숫대야에 손을 담그고 있어야 했다. 선생님이 "왜 그랬니?"라고 물었지만, 필자가 했던 생각을 그대로 말할 순 없었다. 느낌을 통제한다는 게 말이 되지 않는다는 걸 알았으니 말이다. 선하지 않은 것에 대한 대처가, 이래야 한다는 것을 깨달았다.

선하지 않은 마음은 어디서 올까?

가질 수 없는 것을 가지려 할 때 혹은 가지면 안 되는 것을 가지려 할 때 온다. 소유해서는 안 되는 것을 소유하고자 하는 욕망에서 온다는 말이다. 이는 마음을 불편하게 한다. 마음공부는 그래서 필요하다. 마음에 불편함을 품지 않기 위해서는, 잘못된 욕망을 잘 다스려야 한다. 책에서도 이런 부분을 강조한다. 마음 홀로서기도 마찬가지다. 기대면 안 되는 것에 기대지 않아야 한다. 그런 부분에서 온전히 홀로 설수 있을 때, 온전한 내가 될 수 있다. 이때 얻을 수 있는 것이 더 많다는 것을 명심해야 한다.

셀프 코칭

온전한 홀로서기를 위해 어떤 준비를 하고 있는가? 어떤 준비를 해야 할까?

사람이 인공지능보다 아름답다

인터넷의 장점 하나를 꼽으라면, 무엇이 있을까?

많은 것이 떠오르지만, 가장 크게 체감하는 건, 검색이다. 궁금한 게 있을 때 핸드폰이나 노트북에서, 검색할 수 있는 사이트를 열고 검색하면 된다. 원래 알고 싶던 정보는 물론, 생각지도 못한 정보를 얻기도 한다. 꼬리에 꼬리를 문다는 표현처럼, 정보에 연결된 정보를 찾다 보면 어느새 시간이 훌쩍 지나기도 하고, 처음에 어떤 정보를 얻고자 했는지 잊기도 한다. 검색했던 순서를 거슬러 올라가서, 잊었던 본래의 목적을 찾기도 한다.

인터넷의 부작용이라 할 수 있다.

그렇게 빠져들었다가, 원래 계획한 일을 하지 못할 때도 종종 있다. 그래서 어떤 이는 집중해서 무언가를 할 때, 핸드폰을 멀리 두거나 노트북을 열지 않는다고 한다. 당장에 궁금한 게 있더라도, 메모했다가 나중에 찾는다고 한다. 사소한 궁금함을 해소하기 위해 많은 시간을 소비한 경험이 있기 때문이다. 필자도 해봤는데 좋은 방법이라는 것에 동의한다. 당장은 궁금하지만, 그냥 넘어가면 또 넘어가진다. 그리고 집중력을 흐트러트리지 않고 목표한 것까지 할 수 있어서 더 좋다.

재미있는 건, 검색도 나이에 따라 방식이 갈린다는 거다.

30~40대는 주로 '창'이라 불리는 곳에 입력해서 정보를 얻는다. 포털 사이트를 말하는데, 개인의 취향에 따라 선택하는 창이 다르다. 10~20대도 처음에는 그랬다고 한다. 하지만 이제는 다른 곳에서 검색한다는 이야기를 들었다. 바로, 유튜브다. 특히 10대는 유튜브로 검색하는 비율이 압도적이라고 한다. 유튜브는 단순히 동영상을 보는 플랫폼이라 생각했는데, 아니었다. 모든 흐름에는 이유가 있다. 10대가 유튜브를 통해 정보를 얻는 이유는, 글을 읽는 것보다 영상을 더 많이 접했기 때문이다. 더 익숙한 것에 손과 눈이 가는 관성 때문이라는 말이다.

'ChatGPT(Generative Pre-trained Transformer)'가 뜨거운 감자가 되었다.

'자동 회기 언어 모델'이라는 의미로, 딥 러닝을 사용하여 인간과 유사한 텍스트를 형성한다. (출처: 네이버 영어사전) 이전의 검색은 관련된 정보를 찾아주는 것이었다면, 이 언어 모델은 많은 양의 정보를 학습해서 사람과 같은 방식으로 언어를 생성해 준다는 거다. 질문자의 의도까지 파악해서 결과를 제공해 준다. 이 분야의 전문가들은, 자신이 원하는 결과를 얻기 위해서, 질문을 잘해야 한다고 강조한다. 어떻게 질문하느냐에 따라 결과가 달라지기 때문이다. 그래서 질문의 중요성이 다시금 떠오르고 있다.

질문은 사람이 할 수 있는 고유한 영역이다.

'ChatGPT'는 답을 주지, 질문하진 않는다. 질문에 답은 하지 않고 다시 질문했다는 이야기는, 아직 듣지 못했다. 질문은 사람이 한다. 질문에 대한 답을 얻으려는 목적이 명확하기 때문이다. 그리고 중요한 다른 이유가 있다. 질문은 그냥 나올 수 있는 게 아니다. 사고(思考)를 통해 나온다. 단순한 궁금증을 해결하기 위해서는, 단순한 호기심으로 질문이 가능하다. 하지만 깊은 질문은 반드시, 깊은 사고가 뒷받침돼야 가능하다.

질문과 관련된 책을 봐도 그렇다.

어떻게 해야 질문을 잘할 수 있는지에 관한 깊은 고민이 묻어나 있다. 그냥 하는 질문이 아니기 때문이다. 그 안에 메시지를 담아야 할 때도 있고, 마음 깊은 곳에서 올라오는 답을 얻어야 할 때도 있다. 이는 단순하게 할 수 있는 질문이 아니고, 단순하게 얻을 수 있는 질문이 아니다. 단순하게 가지고 있는 정보를 조합해서 내놓을 수 있는 게 아니라, 정보를 숙성시키는, 사고 과정을 거쳐야 내놓을 수 있다. 가슴에 내리꽂는 질문은, 아무나 할 수 있는 게 아니다.

인공지능의 발달은 편리함을 준다.

하지만 불안감도 함께 준다. 지금 하는 일까지 그림자가 드리워지면, 불안해진다. 앞으로 없어질 직업이라면서 소개되는 리스트에, 내 직업이 있으면 그렇지 않을까? 다행인 건, 확실하지 않다는 사실이다. 예전부터 없어질 직업이나 서비스라고 했지만, 계속 살아남은 직업과 서비스가 있다. 철옹성 같은 직업이나 서비스가 순식간에 사라지기도 했다. 확실한 건 아무것도 없다. 하지만 한 가지 확실한 건 있다.

사람만이 할 수 있는 영역은 있다.

아무리 인공지능이 발달하더라도, 사람이 아니면 할 수 없는 게 분명히 있다. 최근에 집중해서 공부하고 있는 코칭도 그렇다. 코칭은 인공지능으로 대체할 수 없는 분야다. 인공지능은 감정을 이해할 수 없고 이야기에 맥락을 명확하게 파악할 수 없다. 코칭은 다양한 질문과 시선 확장을 통해, 사람의 마음을 움직여야 한다. 그렇게 현재의 상태에서 더 나은 상태로 변화시켜야 한다.

인공지능이 이런 역할을 할 수 있을까?

아직은 아니라고 본다. 앞으로도 그럴 것으로 보인다. 사람을 대체할 수 없는 부분은 반드시 있으니 찾아봐야 한다. 급격하게 변하고 불

확실성이 난무하는 세상이라도, 반드시 거쳐야 하는 문은 사라지지 않는다. 나를 대체할 수많은 기술이 나오고 있다고 해도, 나만이 할 수 있는 영역을 찾으면 된다. 찾다 보면 막연한 두려움이었다는 것을 깨닫게 된다.

🌟 셀프 코칭 --

나는 인공지능이 대체할 수 없는 어떤 역량을 가지고 있는가? 어떤 역량을 가져야 할까?

빛으로 나아가기 위한 자세

가끔 기억나는 한 친구가 있다.

정확한 학년과 나이는 기억하지 못하는데, 초등학교 저학년 때로 기억된다. 이 친구와 매우 친했거나 자주 다퉈서 그런 건 아니다. 뭔가 독특했다. 남달랐다고 해야 하나? 어린 나이에도, 또래 아이들 같지 않다는 생각이 계속 들었다. 겉모습도 그렇고 말투도 그랬다. 그리고 친구들에게 가르치듯 이것저것 설명해 주기도 했다. 지식 같은 것을 설명한 건 아니고, 주로 예절에 관한 것들이었다. 그때의 모습과 말투 그리고 어떤 이야기를 했는지 지금도 기억나는 걸 보면, 일반적이지 않았던 것만은 확실하다.

겉모습이 매우 말끔했다.

머리는 짧고, 단정했다. 지금 생각하면 가르마를 타지 않았나 싶다. 옷도 매우 깔끔하게 입었다. 티셔츠보다는 주로 남방을 입었다. 후줄근하게 다니던 필자를 비롯한 다른 친구들과는 거리감이 느껴졌다.

특이한 부분 중 하나는, 보통 가방을 어깨에 메고 다니는데, 이 친구는 한 손에 들고 다녔다. 마치 서류 가방을 든 회사원처럼 말이다. 한눈에 봐도 부잣집 도련님 같은 느낌이었다. 하지만 전혀 아니었다. 나중에 알게 되었는데, 무너질 듯한 좁은 집에 살고 있었다. 그리고 부모님 중 한 분이 안 계셨던 것으로 기억된다. 그 사실을 알았을 때의 충격도 작지 않았다.

이 친구 덕분에 새로운 걸 하나 알게 됐다.

지금도 의식하고 그렇게 하고 있다. 한번은 어떤 친구 집에 초대를 받아서 갔다. 밥을 먹고 컵에 물을 담아서 줬는데, 필자를 비롯한 다른 친구들은 평소(?)대로 물을 마셨다. 그때 이 친구가 차분하게 설명하기 시작했다. "얘들아! 남의 집에서 물을 마실 때는 컵에 입을 대면 안 돼. 입술을 컵 안에 넣어서 입이 컵에 닿지 않게 마시는 게 예의야!"라며 시범을 보였다. 우리는 그때부터 입술을 컵 안에 넣어서 물을 마셨다. 어떤 친구는 입술을 제대로 대지 않아, 물이 턱밑까지 흘러내린 친구도 있었다. 사실 그렇게 마시는 게 쉽지 않았다. 나중에야 요령이 붙어서, 잘 마실 수 있게 되었다. 집 밖에서 물을 마실 때, 이 이야기가 지금도 떠오른다.

이 친구를 강렬하게 기억하는 사건(?)은 이렇다.

한 친구의 생일이었다. 초대받은 친구들이 함께 집에 가서 한 상 푸

짐하게 먹고, 재미있게 놀았다. 한참 그렇게 놀고 있었는데, 이 친구가 보이지 않았다. 시간이 조금 흐르고 거의 마무리가 될 때쯤, 이 친구가 나타났다. 그러면서 생일인 친구한테 포장된 작은 선물을 전하면서 이렇게 말했다. "먹고만 가서 미안해. 생일 축하해!" 그랬다. 이 친구는 갑자기 초대받느라 선물을 준비하지 못했던 거다. 자기만 선물을 주지 못한 게, 계속 마음에 걸린 모양이었다. 다음 날 줘도 됐을 텐데 말이다.

어릴 때부터 성숙했던 친구다.

그렇게 정리할 수 있다. 단정을 지어 설명하기 어렵지만, 그 친구의 환경이 그렇게 만든 게 아닌가 싶다. 같은 또래 친구들처럼, 천방지축으로 어디로 튈지 모르게 그렇게 말하고 행동하지 않았다. 그렇게 자라야 했는데, 이 친구는 이미 그래서는 안 된다는 것을 알지 않았나 싶다. 그래서 더 대단하다고 생각한다. 겉으로 보기엔 부잣집 도련님과 같이 차려입고 행동하지만, 보이지 않는 곳에서는 얼마나 힘들었을지 생각하면 존경스럽기까지 하다.

환경에 매몰되지 않았다.

대부분 주변 환경이나 상황이 좋지 않으면, 그렇게 흘러가는 경향이 크다. 상황이 이런데 어쩌라는 식이다. 돈이 없는데 어쩌냐, 몸이 아픈데 어쩌냐, 정신이 복잡한데 어쩌냐, 바쁜데 어쩌냐 등등 결핍된 상황에 집중하고 그 상황에 자신을 가둔다. 그렇게 점점 어둠의 동굴로 들어간다. 밝은 빛을 원한다고 말하면서, 계속 어둠의 동굴로 들어간다. 어떤 상황이든, 밝은 점과 어두운 점이 공존하는데 계속 어두운 점만 본다. 할 수 있는 것에 집중하지 않고, 할 수 없는 것에 매달린다.

가지고 있는 것이 빛이다.

얼마가 있든, 얼마나 건강하든, 얼마의 여유가 있든 가지고 있는 것에 집중하면, 빛으로 나아가는 거다. 가지고 있지 않은 것에 집중하는 것은, 어둠으로 향하는 거다. 어둠으로 향하면, 원하는 것을 아무것도 얻을 수 없다. 빛으로 향한다고 원하는 것을 다 얻을 수 있는 건 아니지만, 최소한의 가능성은 있다. 고기를 잡으려면 물가로 가야 한다는 말처럼, 내가 해야 할 것은 빛으로 향하고자 하는 의지와 작은 행동이다. 그 의지와 작은 행동이 밝은 곳으로 데려다줄 것으로 믿는다.

셀프 코칭

내가 가지고 있는 것에 집중하고 있는가? 원하는 곳으로 나아가기 위해 어떤 노력을 하고 있는가?

나를 움직이는 신념은 무엇인가?
지금 그대로 괜찮은가?

사람이 한순간에 바뀔 때가 있다.

사람은 고쳐 쓰는 거 아니라는 말도 있듯이, 잘 바뀌지 않는다. 그래서 그냥 그런가 보다 하면서 지내야 한다고 말한다. 하지만 그렇게 바뀌지 않을 것 같은 사람이, 한순간에 바뀔 때가 있다. 언제일까? 신념이 바뀔 때다. 지금까지 누적되면서 단단하게 지켜온 신념이 한순간에 무너지면, 그때는 사람이 완전히 바뀌게 된다. 사람이 바뀐다는 건, 지금까지 하던 생각과 말과 행동 모두가 바뀌는 것을 의미한다. 그렇게 바뀌었다는 사람의 이야기 중, 가장 먼저 떠오르는 이야기가 있다.

한동안 마음의 멘토로 모신 분이 계신다.

지금도 좋은 영향을 주신 분으로 기억하고 있는데, 어느 순간부터 접할 계기가 없었다. 글을 쓰면서 찾아보니, 15년도에 돌아가셨다는 기사를 봤다. 멘토로까지 생각했으면서, 너무 무심했다는 생각에, 죄송한 마음이 올라왔다. 이영권 박사님이다. 우연히 그분의 강연 테이프를 들었고 책을 읽었는데, 삶의 여정이 참 대단하다고 생각하게 했다. 강연을 찾아가면서 듣기도 했다. 그분이 출간한 책은 거의 다 읽지 않았나 싶다. 새로 나온 강연 테이프가 있으면, 찾아서 듣기도 했다.

강연에서 당신 이야기를 자주 하셨다.

인생이 완전히 뒤바뀐 사연은 들을 때마다 전율이 흘렀다. 그분의 말을 그대로 옮기면 이렇다. 약간의 표현이 다를 순 있겠지만, 내용은 명확하다.

대학에 들어가서 방황했다. 변변치 않은 대학에 들어왔으니, 미래가 암울하다고 생각했다. 그래서 인생을 포기한 사람처럼, 술 마시고 기타 치고 놀면서 그렇게 지냈다. 한번은 선배와 술을 한잔 마실 일이 있었다. 선배가 한마디 했다. 아직 젊은데 왜 인생 포기한 사람처럼 그렇게 사느냐고 했다. 대학도 변변찮은데 어떻게 장래가 밝겠냐고 반박했다. 그러자 선배는 이렇게 말했다.

"영어 하나만 잡으면 된다."

이유는 이랬다. 앞으로 우리나라는 무역으로 먹고살 것 같다고 했다. 그러니 영어 하나만 확실하게 하면, 단단한 동아줄 하나 잡는 거라고 말이다. 다행히 지금 무역학과에 다니고 있으니, 과는 괜찮은 거 같다고 했다. 그렇게 인생 한번 역전해야 하지 않겠냐며 선배가 다독였다. 지금까지 쌓였던 울분이 터졌던 걸까? 살면서 그렇게 울어본 적이 없었다. 소주 2병 정도 먹고 헤어졌다. 그리고 다짐했다. '그래! 영어 한번 잡아보자!'

다음 날.

8월 15일 광복절이었다. 그날부터 아침 일찍 일어나서 영어 공부를 시작했다. 어떻게 해야 할지 몰라서 무작정 했다. 틈나는 대로 영어 라디오 'AFKN'을 들었다. 휴대용 카세트 플레이어가 없던 시절이라, 커다란 카세트를 들고 다니면서 들었다. 수업 중간 쉬는 시간에도 들었다. 사전을 씹어 먹을 정도로 악착같이 공부했다. 영어를 정복하게 됐고, 그때 당시 '선경(현, SK)'에 입사했다. 미국 주재원으로 파견되는 시험을 봤는데, 영어 1등으로 선발이 되었다. 그렇게 미국으로 갔는데, 거기서 멘토를 만나 또 다른 인생을 펼치게 되었다. 미국에서 만난 멘토는 자동차 영업 사원이었다. 말이 영업 사원이지 별도의 법인을 가지고 있으면서 직원 몇 명을 거느린 사업자다. 그분과의 인터뷰를 통해, 그분의 모든 것을 따라 하게 됐고, 성공자의 반열에 들어갈 수 있었다.

박사님은 한국에 돌아와서 많은 사람에게 좋은 영향을 주셨다.

필자도 그중 하나고 말이다. 나중에 기회가 되면 이분의 책이나 이야기를 자세하게 쓸 기회가 있으면 하고 바란다. 오랜만에 옛 멘토님을 떠올리니 마음이 따뜻해진다. 새벽 기상을 결심한 것도 이분으로 시작됐다. 한동안 새로 만난 사람들한테 24시간이 지나기 전에 메일로 인사했던 것도 그렇다. 그때부터 새로운 삶에 대한 욕구가 서서히 올라왔는지도 모르겠다.

사람은 한순간에 변할 수 있다.

지금까지의 신념이 무너지고 새로운 가치가 생성되면 그렇게 된다. 인생에 미래가 없다는 신념에서, 영어 하나만 잡자는 신념으로 바뀐 박사님처럼 말이다. 영어 하나 잡자는 신념이 삶도 완전히 바꾸어 놓았다. 그 누구도 부인할 수 없는 사실이다. 만약 선배의 조언이 없었고 신념을 바꾸지 않았다면, 누구도 기억하지 못한, 그냥 한 사람이 되었을지도 모른다. 이처럼 신념을 바꾸면, 인생 전체를 바꿀 수도 있다. 원하고 꿈꾸는 삶으로 말이다.

지금의 삶에서 조금 더 나아가고 싶다는 생각이 있는가?

그렇다면, 자기 신념을 돌아볼 필요가 있다. 원래 그렇게 있던 것처럼, 바꿀 생각을 하지 않고 있는 신념은 무엇인가? 집 밖보다는 집 안이 안정적이라는 신념인가? 새로운 배움은 시간과 돈의 여유가 있는 사람이 하는 거라는 신념인가? 어차피 안 될 거 용쓰지 말자는 신념인가? 어떤 신념이든, 내가 지금 이곳에서 벗어나지 못하게 그리고 나아가지 못하게 하는 것이라면, 바꿔야 한다고 생각하는 게 있는가?

차마 바꾸지 못했던 신념을, 이제는 바꿀 수 있다.

어떻게? 그냥 하면 된다. 바꾸겠다는 마음을 먹고 실행하면 된다. 지금은 도움을 받을 수 있는 다양한 사람과 시스템이 존재한다. 결과를 먼저 생각해서 엄두가 나지 않는다면, 생각하고 말하는 것을 멈춰야 한다. 일단 그냥 시작해야 한다. 108 계단을 오를 때, 마지막 계단이 아닌, 내 앞에 있는 계단을 먼저 보고 디디는 것과 같다. 그러면 다음 발이 나아가고 또 다음 발이 나아간다. 그 한 걸음 한 걸음이, 자신을 원하는 곳에 도달하게 해준다. 다 갖추고 시작하려 하면, 시작조차 하지 못하게 된다.

사람들이 강연을 듣고 책을 읽는 이유가 그렇다.

자기가 가지고 있는, 부수고 싶은 신념을 깨기 위해서다. 머리로는 알겠어도 가슴까지 내려오지 않는, 새로운 신념을 받아들이고 실천하기 위해 그렇게 하는 거다. 그 신념이 가슴에 내려오는 순간, 몸은 기운에 찬 에너지로 가득 차게 되고 첫발을 내딛게 된다. 그렇게 시작하는 거다. 부수고 싶은 신념을 부수기 위한 또 다른 신념을 만나기 위해, 부단히 움직여야 한다. 강의도 듣고 책도 읽고 사람도 만나야 한다. 언제 어느 때 만날지 모르기 때문이다. 오늘이 그날이라는 생각으로 임하면 어떨까? 혹 만나지 못하더라도 좋은 에너지로 가득 찬 하루를 보낼 수 있을 테니 말이다.

내 생각과 말과 행동 중 바꿔야 할 것은 무엇인가? 어떻게 바꾸고 싶은가?

생각의 길

향을 깊이 있게 맡을 때, 어떻게 하는가?

커피를 좋아하는 사람이 커피 향을 맡을 때 혹은 꽃을 좋아하는 사람이 꽃 향을 맡을 때 어떻게 하냐는 말이다. 향수를 좋아하는 사람이 향을 맡을 때는 어떤가? 눈을 감고 향을 음미하듯 천천히 그리고 심호흡하면서 코를 통해 향을 깊이 들이마신다. 기대했던 향 혹은 그 이상이면 입을 열어 호흡을 내뱉는다. 그리고 미소를 짓는다. "음~" 하면서 감탄사를 내뱉기도 한다. 맛을 깊이 있게 느낄 때도 그렇다. 한입 넣고 천천히 맛을 느낀다. 향을 맡을 때와 마찬가지로 그 느낌을 입으로 표현한다.

깊이를 느끼는 방법이 이렇다.

천천히 받아들이고, 내 안에 머물도록 해야 한다. 향이 코를 통해 들어와 머물도록 해야 하고, 맛이 입을 통해 머물도록 해야 한다. 천천히 들어와 머무는 시간이 있어야 그 깊이를 제대로 느낄 수 있다. 숙성이라는 표현처럼, 머무르는 시간이 있어야 본연의 맛을 제대로 느낄 수 있다. 가마솥에 끓이는 시골 국물이 진국이라는 것을 어떻게 홍보하는가? 얼마나 오랜 시간 끓이는지를 통해, 그 진가를 표현한다.

우려낸다는 거다.

우려내는 데 필요한 것이, 절대 시간이다. 일정한 시간, 불과 함께 머물러 있어야 진국을 만날 수 있다. 겉으로 보이는 국물의 색깔에는, 큰 차이가 없을 순 있다. 하지만 한 숟가락만 떠먹어 봐도 금세 알아차릴 수 있다. 겉은 속일 수 있어도, 속은 속일 수 없다. 이는 말도 그렇다. 표현되는 말의 내용에 차이는 없지만, 어떤 사람의 말은 가슴에 스민다. 하지만 어떤 사람의 말은 튕겨 나간다. 그 이유가 여기에 있다. 오랜 시간 우려낸 진국인가 아니면 겉모습만 비슷한 그냥 국물인가. 전자는 오랜 시간 머무른 뒤 나온 자기의 생각이고, 후자는 그냥 좋은 말을 조합한 말마디일 뿐이라는 거다.

깊이 있는 결론을 내려면, 깊은 생각이 필요하다.

섣부른 판단으로 후회했던 적을 떠올리면 그렇다. 그렇다고 무작정 시간을 오래 끄는 것을 말하는 건 아니다. 걱정에 머무르는 게 아니라, 생각에 머물러야 한다고 말하는 거다. 생각에 깊이를 더하지 않고, 머릿속에 떠올리며 시간을 보내는 건 걱정일 뿐이다. 생각은, 잠수하듯 깊이 내려가 두루두루 잘 살피는 것을 말한다. 그렇게 내린 결론은 아쉬울 순 있어도 후회는 없게 된다. 충분히 생각하고 판단했기 때문이다.

우리에겐, 곰곰이 생각할 시간이 필요하다.

깊이 생각하지 않아서 문제가 되는 경우가 많기 때문이다. 모든 것을 그렇게 할 순 없지만, 정말 필요할 때가 있다. 사람에 따라 무엇인지는 다르지만, 본인 스스로는 안다. 그런 느낌이 왔을 때, 자기만의 시간을 가져야 한다. 시간을 따로 떼서 가져야 한다. 쉬는 주말도 좋고 평일 휴가를 내서 갖는 것도 좋다. 온전히 혼자의 시간을 가져야 하니, 전자보다는 후자의 선택이 더 좋을 수 있다. 정말 중요한 문제라면, 휴가가 대순가 말이다. 공간도 마찬가지다. 새로운 공간에서 갖는 시간은, 새로운 생각을 샘솟게 하고 깊이를 더해 준다.

필자에겐 등산이 그런 시간이다.

지금은 약간 거리 두기(?)를 하고 있지만, 한동안은 등산하면서 생각의 깊이를 더했다. 시간이 없을 때는 근처 낮은 산을 찾기도 하지만, 오랜 시간이 필요할 때는 하루의 시간을 들여 등산할 때도 있었다. 새벽에 나가 밤에 들어온 적도 있었다. 고등학생 때였는데, 내용은 기억나지 않지만 그렇게 한 기억은 생생하다. 그때의 느낌도 생생하다. 그러니 지금도 생각해야 할 때, 등산의 쓸모를 제일 먼저 떠올린다. 사람들에게 추천도 많이 한다. 등산만큼 혼자 생각을 정리하고, 깊이 생각할 수 있는 좋은 시간이 없다고 말이다. 하지만 등산할 수 있을 때까지 기다리지 못하는 상황이라면 어떻게 해야 할까?

쓰레기를 모았다 버리면 큰 짐이 된다.

바로바로 버리는 게 가장 현명한 방법이다. 생각도 마찬가지다. 등산할 때를 기다리며 생각할 것을 쌓아두면 어떻게 되겠는가? 짐이 된다. 생각할 거리만 쌓이면서, 마음이 무겁기만 해진다. 그래서 하루 5분이라도 자기만의 시간을 가져야 한다. 생각하는 자기만의 시간을 말하는 거다. 하루 일정을 계획하는 시간이라든지 기도하는 시간 혹은 명상하는 시간을 가져야 한다. 스트레칭도 좋은 수단이 된다. 아무 것도 할 시간이 없다면 이동하는 시간도 좋은 기회가 된다. 운전하든 대중교통을 이용하든 다 좋다. 각각의 장점이 있다.

그렇다면 생각은 어떻게 해야 하는가?

깊은 생각이 필요할 때는, 이렇게 하면 좋다. 등산할 때 주로 사용하는 방법인데 효과가 좋다. 특별한 노력을 할 필요도 없다. 이렇게 하는 거다. 해야 할 생각을 머릿속에 띄운다. 발표할 때 빔이나 모니터를 이용해 자료를 띄우는 것처럼 띄운다. 그리고 지켜본다. 어떻게 하려고 하지 말고 그냥 지켜본다. 제삼자처럼 그렇게 지켜본다. 그러면 이 생각이, 하나의 길을 내면서 그곳으로 흘러간다.

연결되는 다른 생각이 떠오르는 거다.

엄밀히 말하면 떠올려지는 거다. 내 의지로 올린 게 아니니 말이다. 그러면 이후에는 이 길 저 길로 계속 생각이 뻗어 나간다. 생각과 생각이 더해지고 어떤 생각은 사라진다. 뒤죽박죽 엉키던 생각이 점점 하나의 길을 찾게 되고 그 길로 깊이 들어간다. 점점 속도가 빨라지면서, 어느 순간 다른 것들은 싹 사라지고, 필요한 하나로 정리된다. 신기한 건, 마치 스톱워치를 켜놓은 것처럼, 딱 정해진 그 시간에 떠오른다는 거다. 등산이라면, 정상에 딱 올라갔을 때 말이다.

책상에서 필요한 물건을 찾을 때를 떠올리면 이해가 쉽다.

어질러진 책상에서 필요한 물건을 어떻게 찾는 게 효과적인가? 필요한 물건을 살피며 찾는 것인가? 아니다. 필요하지 않은 물건을 하나둘 치우고 없애다 보면, 필요한 물건이 눈에 들어온다. 그때 그 물건을 집어 들면 된다. 원하는 것 하나를 찾는 가장 좋은 방법은, 필요 없는 다른 것을 제거하는 거다. 제거하는 것이, 찾기 위한 가장 좋은 방법이다.

무엇을 제거해야 할까?

원하는 생각을 정리하기 위해서는 어떤 생각을 정리해야 하냐는 말이다. 불필요한 물건 같은 불필요한 생각이다. 걱정, 두려움, 원망, 시기, 질투, 아쉬움 등등 별 도움이 되지 않는 생각들이다. 그 생각은 필요한 물건을 가리고 있는 불필요한 물건 같은 존재다. 생각의 방향을

이쪽이 아닌, 반대 방향으로 향하도록 길을 내야 한다. 나는 어떤 길을
내고 있는가?

생각을 깊이 있게 만드는 건, 어떤 시간인가?

마음의 어둠을 대하는 자세

매일 새벽에 하는 루틴 몇 가지가 있다.

그중 하나가, 도움이 될 만한 유튜브 영상을 들으면서 스트레칭하는 거다. 이어폰을 통해 흘러나오는 음성에만 집중한다. 영상은 홈버튼을 눌러 맨 위에 있는 것 혹은 다음에 있는 영상을 살펴서 재생한다. 재생 시간은, 스트레칭하는 시간인, 15~20분 사이 영상을 선택한다. 대체로 어렵지 않게 선택하고 재생시킨 후, 스트레칭을 시작한다. 음성에 몰입할 때도 있지만, 그렇지 않을 때도 있다. 한 번에 두 가지 일을 하면서 모두 집중하기는 쉽지 않은 게 사실이다. 이런 욕심을 버려야 하는데, 잘 안 된다.

짧지만 강력한 영상을 만났다.

하루는 홈버튼을 눌렀는데, 제일 위에 40분이 넘는 영상이 보였다. 다음 것도 마찬가지였다. 그렇게 2개 정도 영상을 보았는데, 너무 반가운 제목이 눈에 띄었다. 제목이라기보다는, 이름이었다. 바로, '토니 로빈스'였다. 넷플릭스에서 세미나 진행 영상을 본 이후로, 롤모델로 삼았다. 에너지 넘치는 모습과 그 에너지를 통해, 즉석에서 사람들을 변화시키는 모습이 참 인상적이었다. 그의 유명한 책《네 안의 잠든 거인을 깨워라》는 최근 개정판이 나왔지만, 그사이를 참지 못하고 비싼 가격에 중고 책을 구매하기도 했다. 개정판이 나올 줄 몰랐으니 말이다.

8분 정도의 영상이었다.

제목은 〈부정적 생각의 악순환을 끊어내는 법 2가지〉라고 적혀 있었다. 토니 로빈스는 에너지 때문인지, 기본적으로 말이 매우 빠르다. 일전에 본 세미나 영상에서도 에너지와 말의 속도에 관해 언급했었다. 하긴 말을 빨리하는 사람을 보면서 에너지가 떨어진다거나 부족하다고 느낀 적은 한 번도 없었다. 오히려 에너지가 넘칠 때, 말이 빨라지고 동작이 커진다. 이 영상에서 강조하는 것도 이런 부분이다. 결과를 만드는 건 행동이라는 거다.

부정적 생각을 할 때 모습이 어떤가?

고개를 떨구고 목소리는 낮아지고 말수가 적어진다. 에너지가 떨어진 모습이다. 이런 행동으로는 부정적인 생각을 떨쳐낼 수 없다고 한다. 그래서 행동을 바꾸라고 강조한다. 행동을 바꾸어야, 감정이 바뀐다고 말한다. 그래서 동작 하나를 제안한다. 양팔을 허리에 갖다 대고 가슴을 펴는 동작이다. 슈퍼맨이나 슈퍼우먼을 떠올릴 때, 그들이 서 있을 때 취하는 동작이라고 보면 맞다. 그리고 깊은 호흡을 2분 정도 하라고 한다. 그리고 자신이 자랑스러웠을 때를 떠올리라고 한다. 감정 상태를 끌어올리는 거다.

사람들에게 실습시키는데, 따라 해봤다.

짧은 시간이지만 정말 좋은 감정이 올라오는 게 느껴졌다. 세미나 영상에서, 주먹을 쥐고 하늘을 찌르는 동작을 반복해서 시킨 기억이 났다. 하늘을 찌를 때 호흡을 들이마시라고 했다. 생각보다 호흡 맞추기가 어려웠다. 하지만 이 동작을 격하게 20~30번 하면 에너지가 올라오는 것이 느껴진다. 잊고 있었는데, 샤워하기 전에 이 동작을 다시 시작했다. 에너지를 떨어트리지 않고 적정한 수준 이상을 유지하기 위한 좋은 동작이다. 에너지에 관심이 많은 필자는, 에너지를 끌어올려주는 동작이라고 하면, 귀를 기울이고 잘 살핀다. 해보고 괜찮으면 메모해 뒀다가 필요할 때 한다. 행동이 감정 상태를 바꾼다는 것을 믿기 때문이다.

마음에는 어둠과 빛이 공존한다.

에너지가 떨어진 상태가 어둠이다. 고개가 떨궈지고 목소리가 작아지며 말수가 적어지는 상태다. 에너지가 올라간 상태는 빛이다. 고개를 들게 되고 목소리가 올라가며 말수가 많아지는 상태가 그렇다. 말이 빨라지는 상태 또한 그렇다. 사람은 이 두 가지 마음을 함께 품고 있다. 사람에 따라 어둠의 시간이 많은지, 빛의 시간이 많은지가 다를 뿐이다. 누구나, 어둠의 시간보다 빛의 시간이 많기를 바란다. 에너지가 떨어진 상태보다 에너지가 올라간 상태를 원한다. 그 방법을 모를 뿐이다. 사람들이 책을 읽고 영상을 찾아보는 이유도 여기에 있다. 자신을 좀 더 나은 상태로 유지하고 싶은 마음 말이다. 연극 무대에서 핀 조명이 비치는 바로 그 자리에 서 있고자 한다. 그 방법을 찾기 위해 다양한 시도를 한다.

어둠의 시간이라고, 무조건 나쁜 건 아니다.

그 시간을 잘 활용하면 빛의 시간을 더 잘 누리고 활용할 수 있다. 밤과 낮이 그렇다. 밤은 어둠의 시간이고, 낮은 빛의 시간이다. 항상 낮이 유지된다면 어떻게 될까? 질식할지도 모른다. 어둠이 깔리는 밤의 시간이 와야, 차분하게 하루를 돌아볼 시간을 가질 수 있다. 대나무에 마디가 있듯, 쉼표를 찍을 시간이 필요한 거다. 무엇보다 낮의 시간에 에너지를 충분히 받고 활용할 수 있도록, 잠을 잘 자는 게 필요하다. 먹는 것보다 자는 게 더 중요하다고 말하는 이유도 여기에 있다. 며칠 제대로 잠을 자지 못하면, 사람이 온전한 상태가 되지 못한다. 잠 자는 시간은 죽은 시간이 아니라, 새로운 삶을 준비하는 시간이다.

빛과 어둠은 강점과 약점에 비교할 수도 있다.

사람은 강점이 있으면 약점도 있다. 마음에 빛과 함께 어둠을 품고 있는 것처럼 말이다. 다만, 강점과 약점을 대하는 자세가 다를 뿐이다. 무엇이 다를까? 강점은 극대화해야 한다. 강점으로 성장하고 성과를 이뤄내야 한다. 약점은 어떻게 해야 할까? 약점은 관리해야 한다. 약점을 보완하려고 어떻게 하려는 게 아니라, 잘못된 결과를 내지 않도록 잘 살펴야 한다는 말이다. 공격과 수비가 나뉘는 스포츠를 예로 들면, 수비하는 자세이다. 강점은 최대한 끌어내고 약점은 최소화하는 게, 가장 좋은 전략이라는 말이다.

빛과 어둠도 마찬가지다.

빛의 시간은, 최대한 드러내고 활용해서 좋은 성과를 내도록 하면 된다. 어둠의 시간은, 어찌하려고 하지 말고 그저, 이런 시간도 있다는 것을 알아차리고 잘 넘어가도록 지켜볼 필요가 있다. 어둠이, 자기 자신이라고 생각하면 안 된다는 거다. 그런 생각은 에너지를 떨어뜨리고, 점점 더 어둠의 시간으로 자신을 끌고 간다. 제삼자처럼 대하고 조용히 나갈 때까지 그저 지켜보고 보내면 된다. 그것이 빛의 시간에 오랜 시간 머물면서, 에너지 넘치고 행복한 삶을 살아가는 방법이라 확신한다.

어둠은, 내가 아닌, 나에게 잠시 머무는 상태다. 잘 나가도록 지켜봐야 할 존재이다.

"내가 어둠을 대하는 자세는 어떠한가? 내 생각과 태도는 밝은 곳으로 향하고 있는가?"

두려움에서 용기로
넘어가는,

셀프 코칭

초판인쇄 2024년 9월 13일
초판발행 2024년 9월 13일

지은이 김영태
펴낸이 채종준
펴낸곳 한국학술정보(주)
주 소 경기도 파주시 회동길 230(문발동)
전 화 031-908-3181(대표)
팩 스 031-908-3189
홈페이지 http://ebook.kstudy.com
E-mail 출판사업부 publish@kstudy.com
등 록 제일산-115호(2000. 6. 19)

ISBN 979-11-7217-543-6 13040

이담북스는 한국학술정보(주)의 학술/학습도서 출판 브랜드입니다.
이 시대 꼭 필요한 것만 담아 독자와 함께 공유한다는 의미를 나타냈습니다.
다양한 분야 전문가의 지식과 경험을 고스란히 전해 배움의 즐거움을 선물하는 책을 만들고자 합니다.